Jesus ist der Messias

Emiliano Tardif – José H. Prado Flores

JESUS
IST DER MESSIAS

VIER-TÜRME-VERLAG, MÜNSTERSCHWARZACH

Übertragen aus der spanischen Ausgabe
von J. Winkler

CIP-Titelaufnahme der Deutschen Bibliothek
Tardif, Emiliano:
Jesus ist der Messias / Emiliano Tardif ;
José H. Prado Flores.
[Übertr. aus d. span. Ausg. von J. Winkler]. −
Münsterschwarzach : Vier-Türme-Verlag, 1990
ISBN 3-87868-403-7

Originalausgabe: "Jesùs es el Mesías"
Publicaciones: "Kerygma, 1989, México"
3. Auflage 1991

© 1990 by Vier-Türme-Verlag, 8711 Münsterschwarzach
Gesamtherstellung: Benedict Press, Münsterschwarzach
ISBN 3-87868-403-7
Umschlagfoto: Dietmar A. Michel

Inhalt

Vorwort

Mit der Vorbereitung der folgenden Seiten begannen wir im Jahr 1985. Wir hatten mit großer Sorgfalt die besten Zeugnisse und Briefe ausgewählt und in einem Ordner aufbewahrt.

Anläßlich einer Reihe von Freizeiten in Venezuela lud man mich ein, dort zu predigen. Bevor ich die Haustür hinter mir schloß, legte ich behutsam den Ordner, in dem sich an die dreißig ergreifende Zeugnisse der interessantesten Heilungen der letzten Jahre befanden, zu meinem Reisegepäck. Ich wollte sie meinem Begleiter, der ebenfalls als Gastredner eingeladen war, und mit dem zusammen ich das neue Buch schreiben wollte, übergeben.

Zuerst hielten wir eine "Freizeit für Priester" in Teques und anschließend eine weitere für die Leiter der Charismatischen Erneuerung. Am letzten Tag brachte uns der Erzbischof von Barquisimeto in seinem Auto nach Caracas, wo sich mehr als 10.000 Personen im Stadion versammelt hatten, um das WORT des HERRN zu hören.

Wir predigten in einer Atmosphäre konzentrierter Aufgeschlossenheit und erwartungsvollen Glaubens, wobei sich die Glaubenskraft dieser Menschen als so mächtig erwies, daß einige Kranke schon Heilung fanden, ehe wir noch für sie gebetet hatten. Nach Beendigung der Versammlung waren wir müde, aber tief zufrieden; befanden wir uns doch in der Gegend, wo man sich noch gut an die Gestalt des Befreiers Simón Bolívar erinnert, der einmal ausgerufen hatte: "Ich werde nicht eher ruhen, bis ich mein Volk frei sehe!"

Als wir nach dem Gottesdienst unser Fahrzeug wiederfanden, mußten wir entsetzt feststellen, daß Diebe in unser Auto eingebrochen waren und alle unsere Sachen mitgenommen hatten: meinen Koffer mit seinem ganzen Inhalt, ebenso meine Brieftasche, in der sich mein Reisepaß und meine Reisepapiere befanden - alles war weg, einfach fort! Was uns jedoch am meisten schmerzte, war der mit wertvollen Zeugnissen angefüllte und nun verschwundene Ordner.

Da sagte ich dem HERRN:

"HERR, wenn Du willst, daß wir das neue Buch schreiben, wirst du noch mehr Menschen heilen müssen. Zeugnisse können verlorengehen, Du aber kannst nicht verlorengehen."

Die folgenden Seiten sind eine Antwort des HERRN auf jenes Gebet; vor allem sind sie jedoch ein Zeugnis davon, was Gott in der Welt, die er so sehr liebt, auch heute noch tut.

Gott hatte man uns nicht rauben können - im Gegenteil! Es hat den Anschein, daß ER die Zeichen und Wundertaten, welche die Verkündigung des Sieges Jesu Christi über Krankheit, Sünde und Tod begleiten, sogar noch vervielfacht.

Jesus, der HERR, ruht nicht, solange ER Sein Volk nicht vollkommen frei sieht: frei sowohl von Sünde und Tod als auch von Unterdrückung und Knechtschaft.

Emiliano Tardif M. S. C.

Santo Domingo, am 25. März 1989
- Dominikanische Republik -

Einleitung

JESUS ist der Messias - und wir brauchen auf keinen anderen zu warten. In seiner Person finden die Prophezeiungen, die ihn als den Messias, den Retter dieser Welt, ausweisen, ihre Erfüllung. Es ist den Menschen kein anderer Name gegeben, in dem sie selig und gerettet werden sollen. Es gibt zwischen Gott und den Menschen keinen anderen Mittler als Jesus Christus, den HERRN, dem alle Macht im Himmel und auf Erden gegeben ist; ER wurde gesandt, um Seiner Kirche die Frohe Botschaft der Erlösung zu verkündigen und das Reich Gottes zu errichten.

Auf den Seiten dieses Buches wird das Evangelium lebendig; das Evangelium, das immer dasselbe ist - gestern, heute und für alle Zeiten. Man erfährt daraus, wie der von den Toten auferstandene Jesus uns auch heute noch durch Zeichen Kenntnis davon gibt, daß ER l e b t und denjenigen, die an Seinen Namen glauben, neues Leben schenkt. Schließlich möchte ich noch erwähnen, daß wir, die Verfasser dieses Buches, stets bestrebt waren, JESUS in den Mittelpunkt zu stellen, IHN ganz allein und niemand sonst - und das auf jeder Seite dieses Buches.

Für die Abfassung dieses Buches hatten wir überreichlich Material und eine Unzahl von Zeugnissen zur Verfügung. Was wir aber gleich hier, am Anfang des Buches, betonen müssen und was wir von Fall zu Fall wiederholen werden, ist dies: Pater Tardif kann mit dem Esel vom Palmsonntag, der Jesus trug, verglichen werden. Auch er "trägt" Jesus, indem er Sein Evangelium den Menschen in aller Welt verkündigt. Sein Dienst weist uns, ähnlich wie der Finger von Johannes dem Täufer, mit aller Klarheit darauf hin:

"Jesus ist das Lamm Gottes, welches hinwegnimmt die Sünden der Welt."

Halten wir unseren Blick stets auf Jesus gerichtet, und nur auf IHN allein. Schauen wir nicht auf den Pater Emiliano, sondern auf den, auf den er schaut: auf Jesus, den Messias, der auch heute noch fortfährt, Zeichen zu tun, die ihn als den verheißenen Messias ausweisen; den Messias, der gekommen ist, um die Welt zu retten und zu erlösen.

Die Welt von heute braucht kein neues Evangelium, sondern eine neue Evangelisation in der Kraft des Heiligen Geistes; eine Evangelisation, begleitet von Heilungen und Wundern, die uns den Sieg Jesu Christi über Sünde, Krankheit und Tod vor Augen führen.

José H. Prado Flores

Guadalajar, Jal., am 25. März 1989.

1. Bist du der Messias ?

(Lk 7, 18-23 / Mt 11, 2-6)

Mit jedem Tag wuchs die Sehnsucht des unterdrückten jüdischen Volkes nach Befreiung. Die Söhne Jakobs träumten von dem Tag, an dem ein Sohn aus dem Geschlecht Davids die Herrschaft übernehme und wie ein guter Hirte das Volk in Freiheit und Gerechtigkeit regieren werde.

Infolge der imperialistischen Herrschaft Roms bestürmten die Menschen den Himmel, daß doch der neue Mose bald erscheinen möge, um das Volk aus den Klauen des römischen Adlers, dessen Bild von den im Winde wehenden Standarten grüßte, zu befreien.
Das Volk, grüne Zweige der Hoffnung in Händen haltend, wartete gespannt auf den, "der da kommt im Namen des HERRN", um IHN willkommen zu heißen.

In dieser erwartungsvollen Atmosphäre zerriß eine mächtige Stimme die Stille der glutheißen Wüste Judäas. Johannes der Täufer war es, der wie ein hellstrahlender Stern auf dem "religiösen Himmel Israels" erschien. Soldaten, Schriftgelehrte und Angehörige der religiösen Hierarchie kamen aus der Stadt zum Jordan hinunter, um Johannes zu hören und sich von ihm taufen zu lassen. Da die Zahl der Menschen, die zu Johannes strömten, in beängstigender Weise zunahm, tauchte von neuem die beunruhigende Frage auf: "Ist er nicht vielleicht der Messias?"
Johannes verkündete ein wahres Wort, das viele, die es hörten, enttäuschte:

"Ich taufe mit Wasser. Mitten unter euch steht der, den ihr nicht kennt und der nach mir kommt; ich bin es nicht wert, ihm die Schuhe aufzuschnüren" (Joh 1, 26 f).

Herodes jedoch brachte die Stimme von Johannes bald zum Schweigen, indem er ihn in den Kerker des königlichen Palastes warf. Von neuem war damit die Hoffnung Israels zunichte gemacht, und die Enttäuschung des Volkes war größer als je zuvor. Sehnsuchtsvoll mußte Israel nun weiter auf die Ankunft des Erlösers warten.
– Johannes war die Stimme - wer aber wird das WORT sein?
– Johannes war der Freund des Bräutigams - wann aber wird der

Bräutigam erscheinen, um die Hochzeit mit dem neuen Wein der Freude zu feiern?
– Johannes war der Zeuge des LICHTES - wann aber wird wohl der neue Tag, der kein Ende hat, erscheinen?

Urplötzlich tauchte da ein Mann namens Jesus auf; er kam aus Nazaret, einem kleinen, im fruchtbaren Galiläa gelegenen Dorf. Und alles Volk lief ihm nach und wollte ihn hören; denn an ihm war kein Falsch, und er tat nur Gutes. Er predigte anders als die Pharisäer, er war sanftmütig und von Herzen demütig, und er sprach von einem Reich des Friedens und der Gerechtigkeit.

Die Erwartung, die man in ihn setzte, wuchs und wuchs. Einige dachten, daß er der wiedergekommene Elija oder Jeremia sei oder ein weiterer unter den vielen Propheten. Andere meinten, daß Gott sein Volk besucht habe. Johannes der Täufer, ein Vetter von Jesus, wußte jedoch gewisse Dinge, die den anderen unbekannt waren. Er erkannte, daß sein Verwandter beinahe vollkommen dem Bild der messianischen Prophezeiungen entsprach:

– Sohn Davids:
Nach der Prophezeiung Natans würde sich ein Sohn aus dem Geschlecht Davids für ewige Zeiten auf den Thron Israels setzen (2 Sam 7, 13-14).
Johannes wußte auch, daß die Vorfahren von Jesus dem königlichen Geschlecht Davids angehörten.

– Geboren aus einer Jungfrau:
Das Zeichen, das Ahas durch Jesaja bekam, war dieses:
"Seht, die Jungfrau wird ein Kind empfangen, sie wird einen Sohn gebären, und sie wird ihm den Namen Immanuel - GOTT MIT UNS - geben" (Jes 7,14).
Diese jungfräuliche Magd war Maria, eine Tante des Johannes.

– Geboren in Bethlehem:
Micha hatte vorausgesagt, daß der Messias in Bethlehem geboren würde (Mi 5,1-3). Das Volk war jedoch der Meinung, daß Jesus aus Nazaret stamme; deshalb nannten sie ihn auch "Nazarener".
Johannes wußte aber, daß Jesus in Bethlehem geboren worden war und daß die Prophezeiung daher auf ihn zutreffe.

– Menschensohn:
So nannte er sich, womit er an die Prophezeiung Daniels anknüpfte
(Dan 7, 13).

– Jeschua:
Dieser Name entsprach dem messianischen Ideal, das Jeremia
beschrieben hatte:
*"Man wird ihm den Namen geben: Der Herr ist unsere
Gerechtigkeit"* (Jer 23, 6).

– Gesalbt durch den GEIST:
Als der Geist Gottes bei der Taufe im Jordan auf Jesus herabkam
und ihn mit seiner Kraft erfüllte, so wie es der Prophet Jesaja
(Jes 11, 1-2) angekündigt hatte, war Johannes d e r Zeuge, der Jesus
am nächsten stand.

Jede einzelne der Prophezeiungen traf auf Jesus zu; aber etwas fehlte,
das Johannes aus dem Gefängnis nicht erkennen konnte: die Zeichen,
die der Prophet Jesaja als Kennzeichen der messianischen Zeitepoche
angeführt hatte:

*"Dann werden die Augen der Blinden geöffnet, auch die Ohren der
Tauben sind wieder offen, dann springt der Lahme wie ein Hirsch,
die Zunge des Stummen jauchzt auf"* (Jes 35, 5 f).

Um sich Klarheit zu verschaffen, schickte Johannes zwei seiner
Jünger aus, damit sie sich persönlich ein Bild machen. Er suchte
nämlich eine Antwort auf die grundlegende Frage der jüdischen
Geschichte, der Frage nach dem Messias; vor allem in bezug auf Jesus
sollten daher seine Jünger feststellen, was an den umlaufenden
Gerüchten wahr sei. Seinen Jüngern hatte er, der Vorläufer von Jesus,
immer wieder eingeprägt:

*"Glaubt es nicht nur, weil ich es euch sage - sondern geht hin und
überzeugt euch selbst!"*

Die Frage des Johannes könnte man auch so formulieren:
– Bist du es, der da kommen soll? Wenn du es bist, beweise es uns!
Laß uns nicht länger in schmerzlicher Ungewißheit! Es geht hier
nicht um Worte. Viele kamen und sagten, sie seien es, auf die man
gewartet habe; einige von ihnen wurden getötet; andere scheiterten

mit ihrem Plan der Befreiung. Welche Zeichen, die uns beweisen, daß gerade du der Messias bist, gibst du uns?
– Oder sollen wir auf jemanden anderen warten? Sollen wir weiter ewigen Pilgern gleichen, die niemals ins Gelobte Land gelangen? Sollen wir andauernd und ohne Aufhören flehen: tauet Himmel den Gerechten?!

In der folgenden Zusammenfassung findet das Denken und Fühlen Israels annähernd seinen Ausdruck: Ein großer Teil des Weges unserer Geschichte liegt bereits hinter uns. Wir sind der falschen messianischen Ideen überdrüssig. Sollen wir weiter im Ungewissen bleiben und warten?
Werden noch andere mit dem heimlichen Wunsch, sich den Titel "Gesalbter" beizulegen, kommen? Werden noch andere mit der stillen Absicht, das Reich des Friedens, der Gerechtigkeit und der Freude aufzurichten, auftauchen? Sollen und müssen wir mit einer Ölfunzel vorliebnehmen und weiter warten, bis uns endlich die Sonne der Gerechtigkeit, die Heil in ihren Strahlen trägt, aufgeht?
Wir können die vielen Menschen, die den glorreichen Titel "Messias" widerrechtlich an sich reißen, nicht mehr ausstehen, und wir begegnen jedem mit Mißtrauen und Zweifel, der vorgibt, der Messias zu sein. Wir werden nicht mehr so naiv sein, daß wir vor lauter Naivität nicht zuerst prüfen, ob die Voraussagen der Propheten erfüllt sind und sich die Beglaubigungszeichen der Echtheit zeigen. Zeige uns doch die Zeichen, die den Messias ausweisen, damit uns kein Zweifel mehr bleibt und wir uns dir bedingungslos anvertrauen können. Wenn du der Messias bist, dann wollen wir dir nachfolgen und dir unser Leben restlos ausliefern.
Jesus antwortete auf solche unausgesprochenen Gedanken und Überlegungen jedoch nicht mit Worten, sondern mit Taten, indem er Kranke heilte, Besessene befreite, Aussätzige reinigte, Lahme gehen hieß und Tote auferweckte.
Dies waren das Erkennungszeichen und der untrügliche Ausweis der messianischen Zeitepoche, von der es bei Jesaja heißt:

"Der Geist Gottes, des Herrn, ruht auf mir; denn der Herr hat mich gesalbt. Er hat mich gesandt, damit ich den Armen eine frohe Botschaft bringe und alle heile, deren Herz zerbrochen ist, damit ich den Gefangenen die Entlassung verkünde und den Gefesselten die Befreiung, damit ich ein Gnadenjahr des Herrn ausrufe, einen Tag

der Vergeltung unseres Gottes, damit ich alle Trauernden tröste"
(Jes 61, 1 f).

Gerade diesen Text hatte Jesus ausgewählt, um seinen Wirkungsbereich offenzulegen, und über diesen Text sprach er in der Synagoge von Nazaret (Lk 4, 18-19). Auf diese Weise wollte er sagen: "Wenn diese Schriftstelle auf mich zutrifft, dann deshalb, weil ich der Messias bin. Wenn ich das verwirklichen kann, wovon in dieser Schriftstelle gesprochen wird, dann nur deshalb, weil ich der Messias bin."

Diese Worte galten jedoch nicht nur für die damalige Zeit; sie gelten auch ebenso für die heutige; sie haben Gültigkeit für alle Zeiten und für alle Menschen.

Wenn Jesus auch heute die messianische Norm erfüllt, dann bedeutet dies, daß er der von den Propheten angekündigte und von den Völkern erwartete und erhoffte Messias ist, der Retter der Welt.

Ich möchte als sein Jünger davon Zeugnis geben, daß JESUS der MESSIAS ist; denn durch IHN geschehen heute noch Zeichen, die ihn als Messias ausweisen und beglaubigen.

Weit und breit, überall in der Welt, offenbart Jesus, daß er derselbe ist - gestern, heute und für alle Zeiten. Voll des Heiligen Geistes offenbart er sich durch sichtbare Zeichen, die ihn als den Messias bestätigen. Jesus war der Messias für das Volk Israel vor 2.000 Jahren. Wir aber, die wir an IHN glauben, sind heute das ISRAEL Gottes. Deshalb wirkt ER auch heute mitten unter uns Zeichen, die seine messianische Sendung beglaubigen.

Diese Zeichen waren für alle Menschen aller Zeiten vorgesehen. Auch in unserer Zeit fährt Jesus fort, uns Zeichen dafür zu geben, daß er nicht nur der Messias war - damals -, sondern, daß er der Messias ist - auch heute; denn die messianischen Prophezeiungen gehen weiter in Erfüllung, auch in unseren Tagen.

Ich kann nicht aufhören, von dem zu reden, was ich gesehen und gehört habe, und ich fühle mich gedrungen, dem Auftrag, den Jesus den Jüngern des Johannes des Täufers gegeben hat, ebenfalls nachzukommen.

"Geht und berichtet Johannes, was ihr gesehen und gehört habt: Blinde sehen wieder, Lahme gehen, und Aussätzige werden rein; Taube hören, Tote stehen auf, und den Armen wird das Evangelium verkündet" (Lk 7, 22).

A. Die Blinden sehen wieder

Den Blinden die Augen zu öffnen, dürfte wohl die am stärksten beeindruckende messianische Heilung gewesen sein. JESUS ist das Licht der Welt und läßt die Blinden an diesem Licht teilhaben - als Zeichen dafür, daß sein Licht uns aus der Finsternis des Irrtums und der Lüge befreit. Wenn Jesus einen Blindgeborenen heilt, erinnert uns dies daran, daß er ihn aus der Finsternis in sein wunderbares Licht gerufen hat (vgl. 1 Petr 2, 9).

Jedesmal, wenn ein Blindgeborener sehend wird, offenbart sich, daß Jesus das Licht ist, welches aufscheint, um denen Licht zu bringen, die im Dunkeln und im Schatten des Todes sitzen und deren Schritte er auf den Weg des Friedens lenken möchte (Lk 1, 79).

Das folgende Zeugnis zeigt uns, daß Jesus auch für den Menschen von heute LICHT ist:

Ein Tag der Evangelisation in Mbandaka (Zaire) fand mit einer Eucharistie-Feier, an der an die 15.000 Personen teilnahmen, seinen Abschluß. Da begann plötzlich ein 12jähriges, von Geburt an blindes Mädchen zu schreien:

"Je vois! Je vois!" ("Ich sehe! Ich sehe!")

Daraufhin liefen die Menschen zusammen und scharten sich dicht gedrängt um das Kind.

"Wer ist denn meine Mutter?" wandte sich schließlich das Mädchen fragend an die Menge.

Zwei weit geöffnete Arme, zwei mit Tränen gefüllte Augen und ein mütterliches Lächeln waren die Antwort auf seine Frage. Dann, in den Armen der Mutter geborgen, rief das Mädchen aus: "Oh, Mama, wie bist du schön!"

Dies war die erste Heilung eines Blindgeborenen, die ich erlebte; das Wichtigste jedoch war, daß wir alle erkannten, daß JESUS das LICHT der Welt ist und daß er Macht hat, Licht ins Leben eines jeden Menschen zu bringen - falls der Mensch Erlösung und Rettung sucht und braucht.

Wenn einem Blindgeborenen das Augenlicht geschenkt wird, ist dies für uns ein klares Zeichen dafür, daß Jesus Menschen aus der tiefsten Finsternis zu erretten vermag. Selbst wenn die Sünde noch so schwer und schlimm erscheint, hat ER die Macht, zu vergeben und auch von angeborenen Anlagen und Defekten zu befreien.

Das folgende Zeugnis einer Frau aus Panama zeigt, wie sich das Zeichen der Blindenheilung wiederholt - seine Bedeutung jedoch dieselbe bleibt:

"Jesus ist derselbe - gestern, heute und in alle Ewigkeit" (Hebr 13, 8).
Es war an einem Samstag, als Pater Emiliano während der Heilungsmesse bekanntgab, daß der HERR eine Frau heilt, die an einer schweren Augenkrankheit leidet. "Nein, ich bin nicht diese Frau", sagte ich im stillen zu mir selbst.
Nächsten Tag, am Sonntag, kündigte Pater Emiliano an, daß er für die Kranken beten werde. Die Kranken mögen ihre Hand auf die kranke Stelle legen. Ich legte meine Hände auf meine Augen und hörte, wie Pater Emiliano bekanntgab, daß der HERR soeben einige Frauen von ihren Katarakten (Augentrübungen) geheilt habe. Da rief ich aus:

"Ja, HERR, das bin ich!"

Wieder zu Hause, bat ich, daß man die Lieder-Cassette auflege, und wir alle holten das Liederheft heraus, um mitzusingen. Als ich das Heftchen aufschlug, sah ich zu meiner Überraschung die Druckschrift vollkommen klar und rief aus:
"Der Herr heilt mich, ich kann die Worte lesen...!"
Als ich einige Weidenzweige, einen Baum mit vielen Früchten, eine Bananenstaude, Gras usw. ... sah, weinte ich vor Freude. Dann sagte ich: "Danke, HERR, daß du mir erlaubst, diese Schönheiten, die du in der Natur geschaffen hast, zu sehen."
Auch die von Autoscheinwerfern hell erleuchtete Straße konnte ich jetzt deutlich sehen.
Vor meiner Heilung hatte ich die Absicht, mit meinem Arzt, Doktor Rubén Orilla, in die Stadt Panamá zu fahren, damit ich mit einer mir von ihm dort angepaßten Brille besser sehen und meiner Tochter, die ihr erstes Kind erwartete, besser helfen könne. Unsere Pläne sind jedoch nicht immer die Pläne Gottes. Er hatte für meine Heilung einen bestimmten Zeitpunkt vorgesehen und wußte, daß ich vertrauensvoll auf IHN hoffte und wartete.
Jeden Tag danke ich Gott für seine Liebe und sein Erbarmen, auch dafür, daß er unter seinem Volk so viele Wunder tut. Ich gebe mein Zeugnis, damit die Menschen erfahren, daß Jesus lebt und noch dieselben Wunder wirkt wie vor 2.000 Jahren.

Maria M. Pérez aus Guadalajara, Reporterin der Zeitung "El Occidental" berichtete am 26. März 1987 folgenden Fall:

Am 24. März gab Pater Tardif in der "Villa del Espíritu Santo" zahlreiche Heilungen bekannt: Es waren Heilungen von Hautkrankheiten, der Wirbelsäule, der Schultern, der Augen, der Ohren, des Herzens, der Nieren, Befreiung von Asthma, Arthritis, Krebs und von vielen anderen Krankheiten. Eine der Heilungen, welche auf die Anwesenden den stärksten Eindruck machte, war die eines 11-jährigen Knaben, namens Alejandro Anguiano Contreras, der beinahe blind war, als er in die Versammlung kam.
Trotz seines geringen Alters waren auf seinem klinischen Krankenblatt bereits vier Operationen verzeichnet, und die Ärzte hatten seine Mutter, Maria Contreras, schon darüber aufgeklärt,daß es für ihr Kind keine Hilfe mehr gebe. Sie gaben ihr den Rat, das Kind in eine Schule für Blinde zu schicken; das sei für das Kind das allerbeste. An jenem Nachmittag öffnete jedoch Alejandro während des Gebetes die Augen und erlangte wieder seine Sehfähigkeit. Da weinten, von tiefer Rührung ergriffen, beide, sowohl Alejandro wie auch seine Mutter, denn der Junge konnte sich nun wieder an den Farben, den Blumen und den Menschen, die ihn umgaben, erfreuen.

Das folgende Zeugnis eines Kindes, das im Jahr 1988 vor 40.000 Menschen, die am Treffen der katholischen Erneuerungsbewegung in Rimini (Italien) teilnahmen, geheilt wurde, ist besonders ergreifend, weil das Kind damals kaum 12 Jahre alt war:

Ich heiße Luca Pilo, stamme aus Canegrate (Mailand), bin 12 Jahre alt und besuche die zweite Mittelschulklasse. Seit ungefähr einem Jahr gehöre ich einer Gruppe der Erneuerung im Heiligen Geist an. Dieses Jahr kam ich mit meiner Tante Luciana und einigen Mitgliedern meiner Gruppe zum Nationaltreffen. Was ich erlebte, übertraf alles, was ich erwartet hatte.
Ich wurde mit einer Erkrankung des Augennervs geboren und konnte keine Farben unterscheiden. Im Jahr 1984 wurde ich in der Klinik in Varese operiert. Da ich allein nicht gehen konnte, mußte man mich immer begleiten, wenn ich zur Schule, in die Kirche oder sonstwohin ging.
Vor einigen Tagen sagte ich zu meinen Familienangehörigen: "Ich fahre zum Kongreß nach Rimini, und dort möge mich der HERR

entweder heilen oder zu sich ins Paradies nehmen." - Ganz besonders intensiv habe ich gestern, am 23. April, um meine Heilung gebetet. Während des Heilungsgottesdienstes von Pater Tardif hatte ich das Gefühl, als ob mich jemand bei der Hand nehme, und ich bemerkte, daß sich von meinen Augen etwas wie Schuppen löste; dabei erinnerte ich mich an die Bekehrung des Saulus. Ich erzählte es meiner Tante, die in der Nähe stand. Sie nahm mich bei der Hand, und da sie sich kalt anfühlte, dachte sie, daß mir wieder unwohl geworden sei. Ich jedoch versicherte ihr immer wieder:
"Es geht mir gut, ich fühle mich sehr wohl, ich möchte nur die Brille wegtun, denn ich sehe!"
Ich suchte dann in meinen Taschen nach einem weißen Taschentuch, um mich von meiner Heilung zu vergewissern. In diesem Augenblick wurde über die Lautsprecher im Saal bekanntgegeben, daß die Augen eines Kindes geheilt worden seien. Rührung überkam mich, als ich bei dieser Heilung die wunderbare Liebe Jesu verspürte. Ich stand auf und ging die Treppe hinab.
Meine Brille ist seit gestern in der Tasche meiner Tante, im Schlafzimmer des Hotels. Danke Jesus!

Der Prophet Jesaja hatte die messianische Epoche mit folgenden Worten gekennzeichnet:

"Dann werden sich die Augen der Blinden auftun."

Wenn Jesus heute die Augen der Blinden heilt, so bedeutet dies, daß wir in der Zeitepoche, von welcher der Prophet Jesaja sprach, leben. Wir leben in der messianischen Zeitepoche!

B. Die Lahmen gehen

Wenn ein Gelähmter aufsteht, ist dies – vielleicht deshalb, weil es am klarsten für alle erkennbar ist – ein ganz besonders herausragendes Zeichen, welches darauf hinweist, daß JESUS der Messias ist, der rettet und heilt.
Jesus selbst sagte es, als er zu dem Gelähmten sprach:

Ihr sollt aber erkennen, daß der Menschensohn die Vollmacht hat, hier auf der Erde Sünden zu vergeben. Und er sagte zu dem Gelähmten:

"Ich sage dir: Steh auf, nimm deine Tragbahre, und geh nach Hause!"
(Mk 2, 10 f)

In unserer Zeit ist Jesus mit diesen Zeichen sehr großzügig. Im folgenden bringen wir ein in dieser Hinsicht hübsches Zeugnis, das sehr beeindruckend ist:
Giovanna berichtet über den Fortgang ihrer Heilung, die am 6. Juli 1986 in Laureana Cilento (Italien) ihren Höhepunkt erreichte. Dabei erscheint es uns wichtig, daß wir auch auf die evangelistische Bedeutung der Gemeinschaft achten; sie vermag nämlich, die Kranken zu Jesus zu tragen.

Ich heiße Giovanna Monzo, bin 19 Jahre alt und möchte gern von den Wundern erzählen, die Jesus in meinem Leben getan hat.
Nachdem ich 14 Jahre lang in einem sinnentfremdeten Leben dahinvegetiert hatte, gab mir Jesus ein neues Leben.
Vom Tage meiner Geburt an litt ich an einer seltenen Erkrankung, die den Ärzten unbekannt war; daher wußten sie auch nicht, was man dagegen tun könne. Es handelte sich um eine ererbte Krankheit (Osteoporosis), welche die Knochen schädigt, indem sie dieselben durch chronische Entkalkung in unheilbarer Weise zerstört.
Vierzig Tage nach meiner Geburt bemerkten meine Eltern aufgrund meines ständigen Weinens, daß mein rechter Oberschenkelknochen vermutlich gebrochen war. Sie brachten mich daher ins Krankenhaus; die Ärzte jedoch, welche die Ursache der Beschwerden nicht erkannten, konnten mir nicht helfen, und meine Beschwerden wurden noch schlimmer. Nach sieben Operationen und vier Jahren Krankenhausaufenthalt erklärten die Ärzte meinen Eltern, daß ich, sofern ich mich überhaupt physisch entwickeln würde, gelähmt bleiben werde oder gar sterben müsse. Obwohl meine Eltern arm waren, gaben sie nicht auf und brachten mich nach Bologna, in das Orthopädische Institut Rizzoli, wo man eine Reihe von chirurgischen Eingriffen an mir vornahm: insgesamt waren es achtzehn; der letzte wurde vor fünf Jahren durchgeführt.
Mit 14 Jahren war mein Herz voll Bitterkeit. Ich kannte nur das Gesicht meiner Eltern und dasjenige vieler italienischer Ärzte. Ich war erschöpft und verzweifelt und wollte mich selbst und auch alle anderen umbringen. Warum war ich dazu verurteilt, den Rest meines Lebens in diesem verhaßten Rollstuhl zu verbringen?

Ich wurde wütend, wenn ich meine Altersgenossen im Hof spielen hörte, während ich wegen eines neuen Knochenbruchs in tiefer Verzweiflung im Bett lag oder manchmal auch im Rollstuhl saß. Diese Situation brachte mich dazu, die einzige Lösung, die für mich in Reichweite war, zu ergreifen: den Selbstmord. Solch ein stupides, sinnlos dummes und leeres Leben konnte ich nicht länger ertragen. Ich rebellierte und widersprach, wenn man mir von Gott erzählte, da ich die Existenz eines guten allmächtigen Gottes mit meinem Leiden nicht in Einklang bringen konnte. Für mich war Gott eine Erfindung der Menschen; auf das Gerede über ihn antwortete ich manchmal: das müsse aber - falls er überhaupt existieren sollte - ein grausamer Gott sein.

Im Frühjahr 1985 beabsichtigte ich auf verschiedene Weise dem, was die anderen Leben zu nennen pflegten, ein Ende zu machen. Eines Morgens, im Juli, fand ich eine meiner Meinung nach unfehlbare Methode, um meinen Plan auszuführen: mich am Balkon der Terrasse festzuhalten und mich dann abzustoßen und in das "Nichts" hinauszukatapultieren - offensichtlich bestand da keine Möglichkeit, mit dem Leben davonzukommen.

So näherte ich mich ganz langsam dem Balkon, und als nur noch die letzte Anstrengung fehlte, um mich mit letzter Kraft abzustoßen, griff der HERR auf völlig unerwartete Weise ein. Genau in diesem Augenblick rief mich meine Großmutter, weil mich einige Mädchen und junge Frauen sprechen wollten. Wut stieg in mir auf, als mir bewußt wurde, daß es für mich nicht einmal die Freiheit zum Sterben gab.

In diesem Sommer hatte der Pater Miguel Vassalo die "Casa de Preghiera San Michele" (Gebetshaus des heiligen Michael) eröffnet und verschiedene Jugendliche zu einer Gebets- und Evangelisationswoche eingeladen. Die Jugendlichen bildeten Gruppen und begannen, das Evangelium auf den Straßen und in den Dörfern zu verbreiten. Zwei Jugendliche, Rosselina und Sabina, waren genau in dem Augenblick, als ich meinem Leben ein Ende machen wollte, zu mir gekommen. In meinem Rollstuhl fuhr ich ins Eßzimmer. Wie gewöhnlich explodierte ich, und meine Wut, vermischt mit qualvollem Leid, brach aus mir hervor. Rosselina und Sabina jedoch reagierten nicht - weder, indem sie sich verteidigten, noch, indem sie mir ihren Standpunkt aufzwangen; sie zeigten für meine Situation ganz einfach Verständnis. Anstatt mir klarzumachen, daß ich böse sei, hatten sie für mich nur ein wohltuendes Lächeln übrig und sprachen mit mir mit einer so mitfühlenden Sanftmut und liebevollen Zuneigung, wie ich sie vorher niemals kennengelernt hatte. Diese Liebe entwaffnete mich - wie konnte ich da noch aggressiv sein? Ich konnte doch nicht mit Menschen kämpfen, die nicht mit der Absicht gekommen waren, mich anzugreifen.

Dann teilten sie mir mit, daß sie mir einen Freund vorstellen wollten. Ich erwartete, daß er zur Tür hereinkomme; aber da erklärten sie mir, daß er Jesus heiße, und begannen, mir von ihm zu erzählen. Ich fragte sie, warum Jesus mich so schrecklich leiden lasse. Als sie mir versicherten, daß er mich liebe, antwortete ich ihnen: wenn er mir, so wie ich es erlebe, seine Liebe erweise, dann möchte ich auf diese Liebe verzichten.

Auf meine Fragen versuchten sie, mit großer Güte und Verständnis zu antworten. Schließlich redeten sie von dem geheimnisvollen Drama des Leidens in der Welt, wobei sie das leere Kreuz als Zeugen des Schmerzes und gleichzeitig als Sieg über das Leiden ins Licht rückten.

Ich verspürte eine starke Wärme in meinem Körper und konnte keine Erklärung dafür finden. Es war wie ein sanftes Streicheln der Liebe, die mir bisher immer gefehlt hatte.

Trotzdem wünschte ich, daß sie schon gingen, um mich wieder auf den Balkon zu begeben und mich hinunterzustürzen; dann aber wünschte ich wiederum, daß sie mir mehr von dem Balsam, der mein Leben so süß durchströmte, gäben. Schließlich nahm ich jedoch ihre Freundschaft an, aber nur unter der Bedingung, daß sie mir nicht mehr mit diesem Jesus, der mich an seinem Kreuz teilhaben ließ, kämen. Sie waren damit einverstanden und verabschiedeten sich, indem sie versprachen, wiederzukommen. Erstaunt fragte ich mich indessen immer wieder: "Was ist denn da geschehen?"

Am Nachmittag desselben Tages kamen sie mit 20 weiteren Personen wieder; alle mit demselben Lächeln und der gleichen lieblichen Sanftmut auf ihren Gesichtern. Sie hatten für mich ein großes Fest vorbereitet und widmeten mir ihre ganze Zeit, ohne daß sie dafür etwas forderten. An diesem Tag, das erste Mal in meinem Leben, nach 18 Jahren, lächelte auch ich. Nachdem wir uns unterhalten hatten, schlug Rosa Maria vor, daß wir zusammen beten. Das war mir echt zuwider, weil es noch dazu entgegen unserer Verabredung war; ich erklärte mich einverstanden, jedoch nicht aus Überzeugung, sondern nur aus Dank für all das, was diese Menschen für mich getan hatten. Während des Gebetes bat Rosa Maria den Herrn, er möge uns mitteilen, ob er mich heilen wolle. Sie öffnete die Bibel und fand die Stelle, in welcher von einem Gelähmten berichtet wird, der, wenn der Engel das Wasser bewegte, nicht aus eigener Kraft zum Teich hinuntergehen konnte.Aber Jesus kam und heilte ihn.

Nachdem sie die Bibelstelle gelesen hatte, weinten und umarmten mich alle, wobei sie mir versicherten, daß der Heiland auch mich heilen würde. Ich verstand von alledem absolut nichts und dachte, daß dies alles nur eine vorbedachte Komödie sei - oder wollte man sich sogar lustig über mich machen? Der Hoffnung auf Heilung widersetzte ich mich aus Furcht, wiederum enttäuscht zu werden. Aber warum, um Himmelswillen, taten sie dies alles, da ich meinerseits ihnen doch nichts dafür anbieten konnte.

Im September sollte ich einen weiteren sehr komplizierten chirurgischen Eingriff an mir vornehmen lassen, ganz ähnlich meiner letzten Operation, bei der mein Leben auf dem Spiel stand. Da ich aber nichts zu verlieren hatte, entschied ich mich für die Operation. Es handelte sich um die Transplantation von 10 cm des Oberschenkelknochens. Man beabsichtigte, den Knochen mit Hilfe einer "Calcitar-Kur" zum Wachsen zu bringen. Das Medikament war jedoch so stark, daß man es, um einen Kollaps zu vermeiden, absetzen mußte.

Die nächste ärztliche Untersuchung war jedoch ein Zeichen dafür, daß Jesus begonnen hatte, in mein Leben einzugreifen. Der Knochen war gewachsen, und die Wunde war in erfreulicher Weise gut vernarbt. Ich kehrte nach Hause zurück, aber in meinem Kopf ging wie ein Mühlrad die Frage um:

"Kümmert sich Jesus wirklich um mich?"

Im darauf folgenden Sommer besuchten mich Rossellina und Rosa Maria; sie kamen in Begleitung von zwei mir noch unbekannten Jugendlichen: Pino und Simón - zwei Engeln, die mir zusammen mit den anderen halfen, Jesus besser kennenzulernen.

Pino wurde dabei gewissermaßen zu meinem älteren Bruder, der mir immer gefehlt hatte. Er nahm sich meine Lebensgeschichte sehr zu Herzen und verstand sehr gut, daß ich Taten und nicht Worte brauchte. Er lehrte mich, Zuneigung zu empfinden und nicht abhängig zu werden, weder von ihm noch von anderen Menschen, sondern einzig und allein auf Gott zu vertrauen. Dann machte er sich daran, eine Gebetsgruppe von jungen Christen auf die Beine zu stellen; in ihr bekam ich bald Gelegenheit, die grenzenlose Liebe Gottes kennenzulernen.

Dort lernte ich auch, die Stimme Jesu in der Stille zu hören und mit Gott wie mit einem guten Herzensfreund zu sprechen. Von da an hatte ich an der physischen Heilung kein Interesse mehr. Für mich war das Wunder bereits geschehen: Jesus hatte mir die Freude am Leben wiedergeschenkt - ich liebte und wurde geliebt.

Pater Miguel Vasallo erzählte uns einmal mit großer Begeisterung von dem bevorstehenden Besuch des Paters Emiliano Tardif. Er besuche, so sagte er, die großen Städte in aller Welt und bete für die Kranken; in Kürze werde Pater Emiliano auch unser hügeliges Cilento besuchen, um uns von den Wundern Gottes zu erzählen. Wir alle waren darüber sehr glücklich, beteten und bereiteten das Treffen vor. Während mir jeder einzelne Gruppenangehörige versicherte, für mein Leben sei "der große Tag des HERRN" schon nahe, opferte ich vom Rollstuhl aus mein Leiden für den Erfolg des Freizeittreffens auf. Alessandra jedoch versicherte mir immer wieder mit Nachdruck, daß der Rollstuhl leer bleiben werde.

Endlich kam der lang erwartete Tag. Überall war festliche Stimmung, Freude und frohe Erwartung. Es kamen Menschen aus ganz Italien und sogar aus anderen europäischen Ländern. Am Samstag wurde Jesus als Heiler von Geist, Seele und Leib vorgestellt. Am darauf folgenden Sonntag gaben zahlreiche Menschen Zeugnis davon, daß sie, während die Menge der Gläubigen Gott lobte und pries, geheilt worden seien.

Als ein Angehöriger der Jugendgruppe so viele Heilungen sah, hielt er dem HERRN vor: "Herr Jesus, du heilst Menschen, die aus der Schweiz angereist sind; du hast jene Frau aus Mailand, die taub war, geheilt; du hast deine Segnungen weit und breit gestreut; hier aber, wo wir dir das Fest vorbereitet haben, willst du niemanden heilen? So kannst du doch von hier nicht weggehen...! Was werden die Leute, die hier zu Hause sind, sagen?"

Am Sonntag wurde über das Thema gepredigt:

"JESUS hat alle Macht im Himmel und auf Erden."

Während des Gebetes für die Kranken hörte ich, wie Pater Tardif bekanntgab, daß der HERR gerade jemanden heile, der Probleme beim Gehen habe. Diese Person spüre jetzt eine intensive Wärme in den Beinen, und der Geist Gottes gebe ihr in diesem Augenblick neue Kraft. Tatsächlich, ich bemerkte in meinen Beinen ein starkes Wärmegefühl, das ganz langsam die Beine emporstieg; ich dachte jedoch, daß diese Wahrnehmung ihre Ursache in der Erregung und dem Glücksgefühl habe. Ich freute mich nämlich von ganzem Herzen, daß ich am Kongreß teilnehmen konnte. Pater Tardif ergänzte dann: "In diesem Augenblick vollbringt der HERR eine gewaltige Heilung." Mein Herz schlug rasend! Einen Augenblick später - der Augenblick dünkte mir wie eine Ewigkeit - fügte er hinzu: "Jesus heilt jemanden, der gelähmt ist". Alessandra, die neben mir saß, schrie mir in die Ohren: "Du bist es, Giovanna, du bist es!" Ich spürte die Blicke all jener Menschen, die mich liebten. Alessandra weinte; ich aber hatte nicht den Mut, den Glaubensschritt zu tun. - "Du spürst eine intensive, starke Wärme in deinem Körper", erläuterte Pater Emiliano. Genau das war es, was ich fühlte. Könnte es nicht vom Klima oder von der Erregung kommen?

"Im Namen Jesu, steh auf!" befahl der Pater. In diesem Augenblick dachte ich nicht mehr an mich, sondern nur an Jesus, für den nichts unmöglich ist. Ich stand auf, aus eigener Kraft, und machte - zum erstenmal in meinem Leben - einige Schritte. Ohne daß mich jemand stützte, ging ich auf den Altar zu. Meine Freunde weinten, einige lachten, andere küßten mich, wieder andere umarmten mich ... , man hätte denken können, man sei in einem Irrenhaus. Ich fühlte mich ganz leicht, als ob mein Körper kein Gewicht hätte. Ohne jede Hilfe stieg ich die Stufen zum Altar hinauf und verherrlichte Jesus, indem ich IHM dafür dankte, was ER an mir getan hatte. Alessandra weinte, andere wieder konnten es nicht glauben. Ein Angehöriger der Jugendgruppe wurde, als er mich gehen sah, innerlich so stark getroffen, daß es ihm fünf Stunden lang die Sprache verschlug. Der Rollstuhl ist leer - ich brauche die Krücken nicht mehr. Nun führe ich ein normales Leben und arbeite im Büro des Paters Miguel. Jeden Tag gehe ich die Treppen hinauf und wieder hinab. Gott hat an mir Großes getan. Meine Aggressivität gehört der Vergangenheit an - wie ein Märchen aus alter Zeit. Nur eine Sache regt mich noch ein wenig auf: der Unglaube jener Menschen, die nicht wissen, wie groß meine innere Leere früher war. Aber sei es, wie es sei: ich gehe, ich lebe, und ich liebe das Leben. Ich habe meine Gesundheit in den

Dienst des Nächsten gestellt und habe entdeckt, daß mein Leben nützlich und für die anderen wertvoll ist.

Dieses so bewegende Zeugnis enthält zahlreiche Lehren:

Giovanna fand zu Jesus durch die Liebe einer Glaubensgemeinschaft, die sich für sie einsetzte und für sie betete. Vor ihrer Heilung wurde sie von ihrer Verbitterung befreit, und nach ihrer Heilung stellte sie ihre Gesundheit in den Dienst des Nächsten. Wenn der HERR den Körper heilt, erfaßt sein Heilungswirken auch die Person in ihrer Ganzheit.

Miriam Lejeune aus Lyon (Frankreich) ist ein Beispiel dafür, wie die körperliche Heilung mit der Wiederherstellung der ganzen Person Hand in Hand geht. Jesus kam nicht, um die Krankheit, die man "Paralyse" nennt, zu heilen, sondern um den Menschen, der an Paralyse erkrankt ist, heilzumachen; das heißt, um den ganzen Menschen zu heilen:

Bevor ich mein Zeugnis gebe, möchte ich Jesus dafür danken, daß er mir das wahre Antlitz Gottes geoffenbart hat; dieses Antlitz, welches Liebe und nur Liebe ist. Ich möchte ihn dafür preisen, daß sein Blick auf jedem einzelnen von uns ruht, immer - und auch in diesem Augenblick. Während des Evangelisationsfeldzuges im Jahr 1981, in Genf, fühlte ich diesen Blick ganz persönlich.

Unter zehn Geschwistern bin ich die Drittälteste. Von der Liebe meiner Eltern umhegt, wuchs ich im christlichen Glauben auf, mit täglichem Gebet und regelmäßiger Teilnahme am Gottesdienst.

Als Studentin der Medizin war ich sehr glücklich, bis ich mir während des Nachtdienstes in der Chirurgischen Abteilung beim Hochheben eines Patienten eine Bandscheibe verletzte; ein schwerer Bandscheibenvorfall mit einem akuten Rückgratsyndrom, das dringend einen chirurgischen Eingriff erforderte, war die Folge. Die Diagnose hatte der Chef der Neurochirurgischen Abteilung gestellt. Aus einem für mich nicht ersichtlichen Grund verschob er jedoch die Operation um 48 Stunden, woraus für mich ein nicht wiedergutzumachender körperlicher Schaden entstand. Die geringste Bewegung verursachte mir Schmerzen. Über der Narbe des Bandscheibenvorfalls bildete sich eine verknöcherte Spondylitis, was medizinisch, radiologisch und biologisch festgestellt wurde. Eine fortschreitende Lähmung stand mir bevor. Die Schmerzen überfielen mich mit solcher Heftigkeit, daß ich aus allen Leibeskräften schrie und um Hilfe flehte. Gleichzeitig erlebte ich furchtbare Gemütszustände. Ich rebellierte gegen Gott, wobei ich alle Schuld für meine Krankheit auf ihn schob; ich rebellierte gegen meine Familie; aber auch gegen mich selbst, und vor allem rebellierte ich gegen die medizinische Wissenschaft. Ich vertraute niemandem und glaubte an nichts, aber schon an gar nichts mehr. Ich haßte meinen Körper, der nur die Quelle ununterbrochenen Leidens und zu nichts anderem mehr nützlich war.

Mein Rettungsweg begann dann in Straßburg, in einer Gemeinschaft der Erneuerungsbewegung, die sich "Jakobsbrunnen" nannte. Dank der Hilfe einiger Glaubensbrüder lernte ich, der "Medizin" zu vergeben. Nachdem ich ihr verziehen hatte, versöhnte ich mich mit ihr und beendete mein medizinisches Studium. Anschließend durchlebte ich eine Zeit, in der ich die Empfindung hatte, daß mich Gott tatsächlich erhörte, wenn ich vor ihm auf die Knie ging.

Später traf ich in Lyon Glaubensgeschwister vom "Chemin Neuf" (Neuer Weg), die mir klarmachten, daß ich Gott gestatten müsse, daß er mich liebe. Vor allem aber lernte ich dort, was Vergebung ist. Meine Leiden hatten bewirkt, daß Gott für mich zu einer Karikatur geworden war, zu einem schrecklichen, strafenden und streng richtenden Gott. Ich bat ihn deshalb um Verzeihung und gab die Rebellion gegen ihn und meine Familie auf. Ein langer Weg war es jedoch, bis ich mir selbst verzeihen konnte. Alle diese Stufen auf dem Wege zu Vergebung und Versöhnung waren in meinem Leben von entscheidender Bedeutung. Die Vergebung bewirkt neues Leben und gibt neue Kraft. Obwohl die Schmerzen andauerten und sich sogar noch verschlimmerten, hatte ich mich an das Leiden gewöhnt.

In dieser Zeit hatte ich manchmal so starke Schmerzen, daß ich in der Nacht aufstand und auf und ab ging; denn das war die einzige Möglichkeit, um die furchtbaren Schmerzen zu lindern. Ich suchte alle mir bekannten Neurochirurgen Frankreichs auf - jedoch alles ohne Erfolg! Während eines Freizeittreffens der Kommunität "Chemin Neuf" fragte mich eine Schwester: "Hast du den HERRN um Heilung deines Rückens gebeten?"

Mich setzte diese Frage in Erstaunen. Ich dachte, daß mein Weg ein Weg der inneren Heilung sei, und so antwortete ich mit großer Entschiedenheit: "Für mich nicht, aber für meine Brüder."

Diese Frage war jedoch der Beweggrund, der mich nach Genf zum Evangelisationsfeldzug des Paters Emiliano Tardif führte. Meine Eltern begleiteten mich. Ich lag ausgestreckt im Auto, da meine Schmerzen so stark waren, daß ich es im Sitzen nicht aushielt. Unterwegs kam es so weit, daß ich in Schluchzen ausbrach und zu Gott schrie, er möge sich doch meiner erbarmen. Diese dramatische Situation im Auto wurde zu meiner Gnadenstunde, da ich mich genötigt sah, laut um Hilfe zu bitten; auf diese Weise wurde ich in dieser Stunde ganz arm und klein vor IHM. Mit offenen und leeren Händen streckte ich mich vor dem HERRN aus, und da offenbarte ER mir das wahre Gesicht seiner barmherzigen Liebe.

Während des Heilungsgebetes sagte Pater Tardif: "Eine Person, die an starken Schmerzen der Wirbelsäule leidet und sich kaum bewegen kann, spürt jetzt eine Wärme, die vom Rückgrat bis in den Kopf aufsteigt." - Ich hörte die Worte des Paters und begann für den Bruder, der meiner Meinung nach diese Segnung soeben empfangen hatte, zu beten. Dann kam mir zu meinem Erstaunen der Gedanke: "Aber du, Miriam, spürst doch dasselbe!"

Tatsächlich! Eine warme Welle ging durch meine Wirbelsäule bis zum Kopf - einfach wunderbar! Ich wußte, daß der HERR mich soeben angerührt hatte, und hielt diese innere Segenskraft fest. Gott schenkte mir aber noch etwas dazu: Ein Mädchen, das neben mir saß und das ich nicht kannte, erfaßte meine Hand, drückte sie und sagte: "Heute abend hat dich der HERR angerührt, das weiß ich ganz gewiß." Das war die Bestätigung dafür, daß der HERR im Begriff war, mich zu heilen.

Wir kehrten nach Hause zurück; diesmal aber saß ich im Auto. Ich hatte die absolute Gewißheit im Herzen, daß mich der HERR gesund machen will, damit ich meine Mission erfüllen könne.

Die Heilung war fortschreitend und dauerte sechs bis acht Wochen. Nach und nach verschwanden die Schmerzen. Erst konnte ich zwei Nächte ohne Schmerzen schlafen, dann eine Woche lang, und schließlich kam der Schmerz nur noch sporadisch, ab und zu, so daß ich ganze Nächte lang schlafen konnte.

Dies war die Antwort auf meinen Ruf, den ich an IHN gerichtet hatte: "Mein Gott, wenn du mich als Ärztin gebrauchen kannst und wenn es dein Wille ist, schenke mir bitte einen gesunden Körper." Der HERR hatte mein Rufen gehört und mich geheilt. Nun, da ich bereits körperlich geheilt war, kam der innere Weg an die Reihe. Wenn man einmal den Blick des HERRN verspürt hat, wenn man seine Liebe für uns angenommen hat, folgt die Heilung des Körpers, der Seele und des Geistes, damit wir Sein WORT, Seine FREUDE und Sein LICHT sein können.

Obwohl ich anfangs gegen die medizinische Wissenschaft einen Widerwillen hatte, bin ich nun als Ärztin glücklich. Ich wollte eine Ärztin sein, die Christin ist; nun aber, nach der Heilung meines Körpers und meiner Seele, bin ich eine Christin, die Ärztin ist. Darin liegt der große Unterschied!

In meinem Beruf habe ich die Gnade, Seine Barmherzigkeit greifbar nahe zu spüren und den Blick Seiner Liebe sowie Sein Leben, das ich jeden Tag neu empfange, weitergeben zu können. Mit Vorliebe zitiere ich aus meiner Erfahrung: "Der Arzt behandelt, aber Jesus heilt und erneuert das Leben."

Jesus hat mich ganz geheilt, weil er mir die lange Periode der Sünde und Finsternis, in der ich steckte, völlig verziehen hat. Er schenkte mir das innere Licht und die Fähigkeit, das Licht des LEBENS widerzuspiegeln und weiterzugeben.

Er machte mir wieder bewußt, daß ich ein Kind Gottes bin, was ich ja in verborgener Weise schon seit meiner Taufe gewesen bin. Gelobt sei der HERR für den Plan, den er für das Leben eines jeden von uns hat!

Wenn Jesus Macht hatte, den Gelähmten zu heilen (Mk 2,10 f), und damit bewies, daß dem Menschensohn auch Macht gegeben ist, Sünden zu vergeben, dann lehrt er uns, wenn er heute gelähmte Menschen heilt, wiederum dasselbe: ER ist der MESSIAS, welcher verheißen war.

Die Lähmung ist wie der Widerschein des Todes, der uns auf Grund der Sünde gefangen hält. Dies dürfte einer der Gründe gewesen sein, warum Jesus häufig Lahme von ihrem Lager aufstehen hieß beziehungsweise die gelähmten Glieder vieler Menschen wieder beweglich machte. Auf diese Weise offenbarte sich seine Macht, Sünden zu vergeben.

Eine Heilung ist nicht nur für den Kranken ein Gewinn, sondern auch für die ganze Gemeinde der Gläubigen, wie es aus dem folgenden Zeugnis ersichtlich ist:

"José Ramón Rosario Sánchez wurde am 2. Januar 1949 in San Victor, einer Ortschaft, die zur Stadt Moca gehört, geboren. Schon von

Geburt an gab es schwere gesundheitliche Probleme. Um ihn am Leben zu erhalten, war ständige klinische Überwachung notwendig. Das erste Problem, das die Ärzte bei ihm feststellten, waren Anzeichen von Diabetes.

Lange Zeit waren die Ärzte der Meinung, daß das Kind an Insulin-Mangel leide, und so verordneten sie ihm eine strenge Diät, in deren Gefolge sich in dem zarten Körper in kurzer Zeit eine Anämie einstellte. Die Symptome waren so ernst, daß man das Kind in das in der Hauptstadt gelegene Angelita-Krankenhaus einweisen mußte.

Die Bemühungen der Ärzte hatten jedoch keinen Erfog, so daß die Auswirkungen der Anämie den Körper des Kindes von Tag zu Tag immer mehr schwächten.

In der Folge mußte man das klinische Bild von neuem überdenken, da die Diabetes ungewöhnliche Züge aufwies. Aus diesem Grund begannen die Ärzte, den Fall nun gründlich zu studieren. José aber erduldete weiter furchtbare Schmerzen.

Schließlich kam man zu folgendem Ergebnis: José leidet an einer aplastischen Anämie. Die roten Blutkörperchen zeigen anomale Struktur.

José erlitt inzwischen eine Krise nach der anderen, jedesmal von unbeschreiblichen Schmerzen begleitet. Die Ärzte verordneten nur Linderungsmittel, da es sich um eine zum damaligen Zeitpunkt unheilbare Krankheit handelte.

Im Alter von 22 Jahren wurde José in das Salvador B. Gautier-Krankenhaus in der Stadt Santo Domingo (Dominikanische Republik) eingeliefert. Dort blieb er ein Jahr und drei Monate. Als Folge der Krankheit war sein Organismus derart geschwächt, daß José die Gehfähigkeit verloren hatte. Nun sollte er sie mit Hilfe von Bewegungsgymnastik wiedererlangen.

Der Arzt Dr. Gonzales Cano, ein Spezialist für aplastische Anämie, klärte jedoch die Eltern darüber auf, daß es unmöglich wäre, daß José die volle Gehfähigkeit wieder erlange, da sein Rückenmark sehr stark geschädigt sei. Die Anstrengungen beim Gehen würden unweigerlich zu einem Gehirnschlag führen. Schließlich gab er den Eltern des Kindes noch den Rat, sie möchten den Sohn doch nach Hause mitnehmen und versuchen, sein Leben zu erleichtern.

Zu diesem Zeitpunkt hatte José bereits vier Jahre im Bett zugebracht. Wir, die Familienangehörigen, dachten, daß alles verloren sei, und stürzten in einen Abgrund unsagbar qualvoller Verzweiflung. Jedoch beteten wir alle gemeinsam für die Wiederherstellung der Gesundheit von José, obwohl die Erfüllung unserer Hoffnung mit jedem Tag in immer weitere Ferne zu rücken schien. Freilich, es war nicht das erste Mal, daß wir Gott um Hilfe anriefen; auch früher schon hatten wir versucht, unsere größeren Lebensprobleme durch Anrufung des höchsten Wesens, das heißt des barmherzigen Gottes, zu lösen.

Und so vergingen drei weitere Jahre; da wurde der 17. Juni 1975 zu einem denkwürdigen Tag unserer Glaubensgemeinschaft. Am Morgen dieses Tages traf ganz überraschend eine Gruppe treuer Christen, Mitglieder der aufstrebenden "Charismatischen Erneuerungsbewegung", bei uns ein. Pater Emiliano Tardif, ein kanadischer Priester, begleitete sie.

Nachdem Pater Tardif unser Haus betreten und mit José gesprochen hatte, betete er für ihn, wobei er den HERRN um Heilung bat. Unmittelbar danach forderte er meinen Bruder auf, aus dem Rollstuhl, in dem er mehr als vier Jahre zugebracht hatte, aufzustehen. Auf dem Gesicht von José spiegelten sich Erstaunen und Verwunderung. Wie sollte er denn in der Lage sein zu gehen, da ihm doch ein Spezialist versichert hatte, daß er nie wieder würde gehen können.

Er kam jedoch der Aufforderung des Paters nach und machte einige Schritte; dabei brach ihm der Schweiß aus allen Poren. Erstaunen und große Verwunderung erfaßten alle Anwesenden: José konnte gehen! Die Familienangehörigen hatten große Schwierigkeiten, die Realität dieser Tatsache anzuerkennen. Menschen, die davon gehört hatten, kamen von überall her, so daß sie unser Haus kaum fassen konnte. Sie alle waren von der wunderbaren Heilungskraft Gottes zutiefst ergriffen. Viele weinten vor Freude, andere wiederum klatschten Beifall, und ihre Augen wurden vor Erstaunen ganz groß.

Was mich betrifft, so muß ich gestehen, daß ich unsagbar verblüfft war, als ich meinen Bruder plötzlich laufen sah. Ich dachte, es sei ein Traum. Erst nach drei Tagen konnte ich die Tatsache, daß mein Bruder geheilt war und auch die ständigen Schmerzen, die ihn jahrelang bewegungsunfähig gemacht hatten, verschwunden waren, als real, als wahr und wirklich in mein Bewußtsein aufnehmen. José integrierte sich wieder in das normale Alltagsleben. Wie jeder andere gesunde Mensch machte er auch Reisen und besuchte dabei verschiedene Städte. Er nützte seine Zeit, um an verschiedenen Orten von seiner Heilung Zeugnis zu geben, und auf Grund seiner Heilung konnten die Leute die Macht Gottes über die Krankheit eines

Menschen, der von der medizinischen Wissenschaft aufgegeben worden war, erkennen.

Der Glaube der Einwohner von Moca wuchs, nachdem sie von dem Wunder erfahren hatten. Niemand zweifelte mehr daran, daß Gott auch in unserer Welt machtvoll wirken kann. Noch immer denken die Einwohner des Ortes daran, welch großes Heilungswunder an José geschah. Heute, acht Jahre nach diesem ergreifenden Ereignis, spricht man noch von mir als dem Bruder von José, jenem José, bei dem das Wunder geschah -, und man spricht weniger von mir als dem Rechtsanwalt, der seinen Beruf bereits seit einer Reihe von Jahren hier ausübt."

Lic. Pedro Rosario Sánchez

Vor fast 2.000 Jahren brachten Freunde einen Kranken auf einer Tragbahre zu Jesus. Genau das, was sich damals ereignete, geschah auch bei Fernande Gobert Cordes am Tage ihrer Heilung. Die Umstände ähneln einander, aber Jesus ist derselbe:

Ich war Lehrerin und hatte infolge meiner Studien und durch oft ungehorsame Schüler ein recht schweres Leben. Den Ruf des HERRN, ausschließlich für ihn zu leben, hatte ich vernommen und beabsichtigte, in ein Benediktiner-Kloster einzutreten. Im Juli 1975 wurde ich jedoch auf Grund einer hyperalgischen Ischias-Erkrankung, die als Folge eines Bandscheibenvorfalls auftrat, ins Krankenhaus eingewiesen und dort operiert.

Nach meiner Wiederherstellung trat ich ins Kloster ein, mußte es jedoch infolge ununterbrochener Schmerzen und verschiedener Operationen wieder verlassen. Ich nahm dann anschließend eine sehr einfache Arbeit an. Trotz der ständigen Schmerzen und Schwierigkeiten, die bei jeder Bewegung auftraten, machte es mich schon glücklich, daß ich mich wenigstens noch bewegen konnte. Ich wußte damals noch nicht, daß mich das Schlimmste und gleichzeitig Wunderbarste noch erwartete.

Weitere Operationen warfen mich aufs Lager, und ich litt ununterbrochen heftige Schmerzen. Nicht einmal hinsetzen konnte ich mich, und nur mit Hilfe eines Stockes konnte ich wenige Schritte tun. Medizinisch gesehen, war da nichts mehr zu machen: Ich war dazu verurteilt, den Rest meines Lebens unter Qualen auf einem leidensvollen Krankenbett zu verbringen.

Sechs chirurgische Eingriffe wurden an mir vorgenommen, ohne daß meine Schmerzen nachließen - ganz im Gegenteil! Zu guter Letzt spritzte man mir bis zweimal täglich Morphium, sonst hätte ich die Schmerzen nicht mehr ertragen. Während ich so furchtbar litt, kamen Glaubensgeschwister aus der Gebetsgruppe, um mir Gesellschaft zu leisten, Mut zu machen und mir ihre Freundschaft und ihr Gebet anzubieten.

Am 16. September 1982 machte mir eine Glaubensschwester aus der Gebetsgruppe den verrückten Vorschlag, die weite Strecke nach Cordes zu fahren, weil, wie sie sagte, Pater Tardif komme, um dort die Eucharistie zu feiern.

Gott sei Dank dachte ich nicht an die Leiden und Schmerzen, die mit dieser Fahrt verbunden sein würden. So sagte ich zu, und wir fuhren dann in einem Krankenwagen hin. Während des Gebetes schenkte mir der HERR die Stelle aus der Heiligen Schrift, wo über die Heilung des Propheten Ezechiel gesprochen wird; aber ich schenkte ihr keine besondere Beachtung.

Die Eucharistie-Feier begann. Pater Tardif stellte die reale Gegenwart Jesu in der Eucharistie - eine aktive und lebenspendende Gegenwart - in den Mittelpunkt seiner Predigt. Er erwähnte dabei verschiedene Zeugnisse von Heilungen, die während der Prozession mit dem Allerheiligsten Altarsakrament beziehungsweise nach dem Empfang der Kommunion bei den Kranken geschehen waren. Als der Augenblick der Heiligen Kommunion kam, trugen mich zwei Glaubensbrüder auf der Tragbahre aus dem hinteren Teil der Kirche nach vorn zum Altar. Ich dachte dabei an jene vier Freunde, die gemäß der Heiligen Schrift den Gelähmten in das Haus trugen, in dem sich Jesus aufhielt.

Pater Tardif kniete nieder, um mir die Heilige Eucharistie zu reichen. Dann bat er den in der Eucharistie gegenwärtigen Heiland, mich zu heilen. Schließlich legte er das Skapulier auf meinen Kopf und sagte: "HERR, einmal geschah es, daß eine Frau dein Gewand berührte, und sie war geheilt. Wir wissen, daß du in der Heiligen Hostie gegenwärtig bist. Berühre bitte diese deine Tochter, und heile sie, so wie du damals die blutflüssige Frau geheilt hast!"

Nachdem er geendet hatte, sagte er, ich müsse nun, indem ich aufstehe und einige Schritte tue, einen Glaubensakt vollziehen. Das war für mich, als ob Jesus zu mir gesprochen hätte: "Steh auf und wandle!"

Ich nahm die Hände des Paters, stand von der Tragbahre auf und begann, mit seiner Hilfe zu gehen.
Dann ließ ich seine Hände los und machte fünf Schritte allein. Mehr konnte ich nicht. Pater Tardif stärkte meinen Glauben: "Der HERR hat dich geheilt. Morgen wirst du zehn Schritte tun, und das unter Schmerzen. Aber allmählich wirst du schrittweise erleben, daß du geheilt bist ..."

Die Zeit verging, ohne daß ich etwas Näheres von Fernande Gobert gehört hatte. Nachdem zwei Jahre vergangen waren, erhielt ich eine Postkarte aus Lourdes mit folgendem Inhalt:

Lourdes, 5. Sept. 1984
Lieber Pater Tardif!
In Ihrer Gegenwart ließ mich der HERR am 16. September 1982 in der Kommunität des "Löwen von Juda" zu Cordes durch die Kraft Seiner Gegenwart in der Heiligen Eucharistie von meiner Tragbahre aufstehen.
Heute bin ich hierher gekommen, um weiterzugeben, was ich damals erlebt hatte. Um Dank zu sagen sind wir, eine Gruppe von Glaubensfreunden, auf dem Fahrrad hierher gefahren - 287,5 km waren es.

Wie groß ist GOTT !   Halleluja !

Fernande Gobert

Fernande hat inzwischen geheiratet und ist zu ihrem Mathematik-Unterricht zurückgekehrt. Sie ist keine Klosterschwester geworden, aber sie führt ein Leben mit dem Lobpreis Gottes auf ihren Lippen. Wer sie ansieht, erkennt in ihr nicht mehr jene von Schmerzen geplagte Frau im Rollstuhl; alle erkennen jedoch, daß wir einen Gott haben, der die Macht hat, Wunder zu tun. Jesaja sah die Zeit des Messias kommen und kündigte sie mit den Worten an:

"Der Lahme wird wie ein Hirsch springen."

Genau dies geschah auf der Insel Mauritius im September des Jahres 1985. Während des Gebetes für die Kranken gab der HERR einem 60-jährigen Mann, der kaum auf den Stock gestützt gehen konnte,

Kraft zum Aufstehen und zum Gehen. Aber nachdem er die Kraft Gottes empfangen und sein Zeugnis vor den 10.000 Menschen, die hier versammelt waren, gegeben hatte, begann er zu laufen. Da warf auch ein anderer seinen Stock fort, und noch einer setzte dort drüben seine lahmen Beine in Bewegung.

Es war fast zuviel, so viele Lahme gleichzeitig zu sehen, wie sie da und dort überglücklich herumliefen; die einen ihre Krücken in die Höhe haltend, die anderen sich ohne Stock fortbewegend! Halleluja! Ja, unser Gott ist sehr freigebig. - Auf der Hochzeit zu Kana fehlte ein wenig Wein; Gott aber verwandelte fast 600 Liter Wasser in köstlichen Wein. Es gab nun soviel, daß es für eine weitere Hochzeit gereicht hätte.

C. Die Tauben hören

Wenn Jesus einem Tauben die Ohren öffnet, so könnte es zuweilen auch sein, daß er auf diese Weise eine Verbindung wiederherstellt, die möglicherweise durch Sünde unterbrochen worden war. Alle Hindernisse, die einer Kommunikation, das heißt einer wechselseitigen Verbindung, entgegenstehen, werden in und durch Jesus überwunden. So könnte man "die Ohren der Tauben auftun" auch als ein Zeichen der Befreiung von Isolierung, Individualismus und fehlender gegenseitiger Beziehung deuten. Jesus greift ein, um zerbrochene Beziehungen wiederherzustellen und uns Kraft zu einer vertieften, engeren Verbindung zu geben. Er macht uns aufnahmefähig für das WORT GOTTES, und gleichzeitig befähigt er uns, das Rufen unserer Brüder zu hören.

Im August des Jahres 1986 predigte ich in Zaire (Kenia). Am zweiten Tag meines Aufenthalts waren im Stadion der Stadt Mbandaka an die 26.000 Menschen versammelt. Nach dem Gebet um Heilung für die Kranken stieß ein Mädchen, dessen Gesicht von Schrecken gezeichnet war, laute Schreie aus. Es war von Geburt an taubstumm gewesen. Jetzt schrie das Mädchen ganz laut, wobei es sich die Ohren zuhielt. Am nächsten Tag gab das Mädchen, glücklich lächelnd und vollkommen ruhig, vor der gewaltigen Menschenmenge das Zeugnis seiner Heilung, indem es die Worte, die es an diesem Vormittag gelernt hatte, laut aussprach: "Danke, Gott, Jesus, Amen, Halleluja!" Ich fragte das Mädchen nach seinem Alter, aber auf diese Frage konnte es noch nicht antworten. Seine Schwester jedoch, die neben ihm stand, antwortete: "14 Jahre". Und die ehemals Taubstumme wiederholte: "14 Jahre".

Durch das ergreifende Zeugnis und das Offenbarwerden der gewaltigen Heilungsmacht Jesu wurden die Anwesenden stark beeindruckt und ihre Herzen tief bewegt. Von neuem erkannten wir, daß die Prophezeiungen der Heiligen Schrift für uns aufgezeichnet worden waren; denn buchstäblich hatten sich Jesajas prophetische Worte erfüllt: *"... die Zunge des Stummen jauchzt auf."* (Jes 35, 6) In diesem Zusammenhang ist wohl, unter anderen Heilungen, die Heilung der Celia Covarrubias am erstaunlichsten. Diese ist so unglaublich, daß meine Begleiter, als ich zum erstenmal darüber berichtete, so stumm wie ein Fisch blieben und auch nicht einer von ihnen es wagte, sich dazu zu äußern. Kurz darauf kam einer meiner Begleiter näher heran und ermahnte mich mit tiefem Ernst: "Du solltest diese Geschichte nicht weitererzählen; nicht nur deshalb, weil sie dir niemand abnehmen wird, sondern weil auch auf dich ein schlechtes Licht fällt, wenn du von solchen a-logischen, anti-rationalen Dingen sprichst; die ganze Welt wird sich über dich lustig machen."

Ein Jahr nach der Heilung gab jedoch Celia, mit ärztlichen Attesten in der Hand, in der Stierkampfarena der Stadt México vor 15.000 Menschen folgendes Zeugnis:

Vor 20 Jahren erkrankte ich am linken Ohr an einer Krankheit mit der ärztlichen Bezeichnung: Cholesteatom*. Durch eine Infektion, die hinzukam, verschlimmerte sich die Krankheit. Im Jahr 1976 führte man eine Trepanation durch und räumte das Mittelohr aus; die Folge davon war, daß ich auf der linken Seite die Hörfähigkeit vollständig verlor. Da die Infektion nicht ausheilte, entschlossen sich die Ärzte zu einer weiteren Trepanation, bei der man auch noch die Knochen im Ohr ausschabte. Da bei der Operation auch die Gehörknöchelchen des linken Ohres entfernt worden waren, hatte ich keine Hoffnung mehr, jemals auf dem linken Ohr wieder hören zu können. Das einzige, worum ich mich noch bemühte, war die Beseitigung der Infektion, die sich weiter ausgebreitet hatte. Im Januar 1986 begann ein Kurs der Erneuerungsbewegung über das Leben im Geiste. Der Evangelist versicherte mir, daß Gott alle diese

---

* chronische, eiterige Mittelohrentzündung

traurigen Vorkommnisse in meinem Leben zugelassen habe, um Seinen Namen zu verherrlichen. Ich erwiderte darauf, daß mein Leben, vollgepackt mit Problemen jeder Art, sehr schwer gewesen sei und daß ich Gott lieber als gesunder Mensch mit Liedern der Freude verherrlicht hätte.

Im Februar desselben Jahres fuhr ich zum Charismatischen Kongreß in Querétaro (México). Dort wollte ich um Heilung meines Herzens, das infolge von Unverständnis und Leiden tief verletzt war, beten. Als Pater Tardif das Heilungsgebet sprach, tat ich Fürbitte für meine Kinder, Brüder und Freunde. Ich dachte gar nicht daran, um die Heilung meiner Krankheit zu bitten, da ich mich bereits damit abgefunden hatte, daß ich niemals mehr auf dem linken Ohr werde hören können. Ich wußte zwar, daß bei Gott nichts unmöglich ist, aber ich bat ihn nicht um die Heilung meines linken Ohres, da ich mich bereits daran gewöhnt hatte, nur mit einem Ohr, dem rechten, zu hören. Ich sagte einfach: "HERR, hier bin ich. Du weißt, was mir fehlt, und Du weißt auch, wieviel mir noch geblieben ist. Ich lege mein Leben in Deine Hände, ohne Dich um etwas Besonderes zu bitten."

Da gab Pater Tardif über den Lautsprecher bekannt, daß eine 38-jährige Frau am linken Ohr geheilt werde. In diesem Augenblick spürte ich eine intensive Wärme und vernahm ein starkes Rauschen. Darauf hielt ich mein rechtes Ohr zu. Zu meiner großen Überraschung hörte ich jedoch mit meinem linken Ohr einen gewaltigen Lärm, so als wäre eine Hupe von riesiger Dimension neben mir installiert. Ich fragte meine Nachbarin, ob man die Lautstärke der Übertragung erhöht habe. "Nein", antwortete sie. – Hatte mich der HERR geheilt? Ich konnte es nicht glauben; hatte ich doch nicht einmal eine Sekunde lang um meine Heilung gebetet. Tatsache jedoch war, daß ich auf meinem linken Ohr wieder hörte – vom medizinischen Standpunkt betrachtet, völlig unmöglich. Die ganze darauffolgende Nacht verbrachte ich weinend, dankend und Gott preisend. Alle Geräusche erfreuten mich. Alles machte auf mich einen so klaren Eindruck. Das Wichtigste jedoch war die Freude, die mich durchströmte. Und diese Freude hatte ihre Quelle sicherlich nicht nur in dem Glücksgefühl meiner Heilung, sondern eher in dem wunderbaren Frieden, den ich mit Gott und mit mir selbst gefunden hatte.

Von diesem Augenblick an änderte sich mein ganzes Leben. Der HERR erneuerte mich auf eine ganz eindrucksvolle Weise. Ich hatte mich früher immer einsam und deprimiert gefühlt. Ich wußte zwar, daß Gott existiert, aber ich dachte, er sei weit entfernt und kümmere sich nicht um meine Probleme. Mein Leben war voller Mühsal und Qual. Es kam sogar so weit, daß ich das Gefühl hatte, mein Haus sei wie ein Sandwich, wo sich Decke und Fußboden berühren, und ich dazwischen - eingequetscht. Zuweilen schien es mir, als sei für mich jetzt alles aus - vorbei; als sei dies mein Ende. Zwar wußte ich, daß ich ein Tempel des Heiligen Geistes bin, aber da ich es nicht empfand, konnte ich es nicht glauben.

Pater Tardif kehrte nach Kanada zurück und ich nach Irapuato. Jesus aber ging mit mir. Der HERR schickte mir Menschen, die ihm sehr nahe standen und mich in vielen Dingen unterwiesen. Gott hat mich auf seinen Weg gestellt, und nun bin ich ein vollkommen neuer Mensch. Wer den HERRN wirklich kennt, muß ihm nachfolgen. Er kann nicht widerstehen. Auch ich konnte nicht mehr zurück.

Wenn ein Mensch noch alle seine Körperorgane hat und Gott ihn auf Gebet hin heilt, stehen wir vor einem Wunder. Wenn aber jemandem das Organ, das er zum Hören braucht, fehlt und er trotzdem hört, dann ist das mehr als ein Wunder! Es ist ein Anruf Gottes. Gott gibt dem Leben dann einen neuen Kurs. - So verstand ich es. Wenn Gott ruft, kann man sich nicht verweigern, indem man etwa vorbringt: "Ich kann nicht, ich weiß nicht."

Früher lebte ich infolge meiner wirtschaftlichen Situation in kummervoller Sorge und Not. Ich dachte, ich würde nicht genug zum Sattessen haben, wenn ich nicht jeden Tag am Webstuhl sitze. Jetzt vergehen manchmal sogar zwei Wochen, ohne daß ich das Weberschiffchen in Bewegung setze, denn es besuchen mich viele Menschen mit dem Wunsch, ich möchte doch für sie beten. Und seither kam ich nie mehr unter jenen starken wirtschaftlichen Druck. Wenn die Leute dann hören, wie Gott in mein Leben eingegriffen hat, bekehren sich sogar hartherzige Menschen: einige weinen, andere wiederum verspüren eine starke Nähe Gottes.

Sogar Priester und Klosterschwestern, die sehr unter ihrem Glaubensmangel litten, besuchten mich. Ich sagte ihnen, daß sie keine Schuld treffe; ihr Problem bestehe darin, daß sie die Liebe Jesu bisher nicht erfahren und ihn noch nicht kennengelernt hätten.

Früher fragte ich mich immer wieder, welche treibende Kraft die Evangelisten vor die Mikrophone bringe und ihnen den Mut gebe, vor solchen Menschenmassen zu predigen. Jetzt, nachdem ich die

Erfahrung der Liebe und der Kraft Gottes gemacht habe, verstehe ich es voll und ganz: Man kann nicht schweigen von dem, was man selbst erlebt hat.

Ein Priester griff mich einmal an, weil er der Meinung war, daß ich niemals krank gewesen sei und daß ich Lügen verbreite. Ich erwiderte ihm auf seine Zweifel: "Lieber Pater, bei Gott ist nichts unmöglich!"

Seit meiner Heilung sind zwei Jahre vergangen. Die Ärzte haben mich von neuem untersucht und können sich nicht erklären, wieso ich hören kann.

Jetzt ist mein Problem nicht mehr das Hören, sondern wie man der Welt verkündigt und den Menschen klarmacht, daß wir einen Gott haben, der unser Vater ist. ER hat uns seinen einzigen Sohn gegeben; sollte ER uns nicht alles andere dazugeben?

Durch diese Heilung zeigte uns Gott, daß Seine Pläne und Vorhaben viel weiter reichen als unsere. Bei Celia öffnete ER nicht nur das linke Ohr; auch ihr Leben änderte sich, und nun ist sie eine Zeugin dafür, daß für alle, die an die unbegrenzte Macht Jesu glauben, es ein "Neues Leben" und einen Auftrag gibt. Wenn jemand am Telefon die Nummer 52 (462) 63 319 wählt, könnte es sein, daß sich Celia meldet und dabei den Hörer an ihr linkes Ohr hält. - Halleluja !

Im Oktober 1988 predigte ich an der Elfenbeinküste (Afrika). Während eines Heilungsdienstes, an dem 4.000 Besucher teilnahmen, bekam ich ein Wort der Erkenntnis, in dem es hieß, daß jetzt zwei in der Versammlung anwesende taube Personen geheilt werden. Ich forderte die soeben Geheilten auf, sie mögen sich melden und Zeugnis geben. Da stand ein etwa 30-jähriger Mann auf; er war tief gerührt und erzählte, daß er schon seit langem nicht mehr hören konnte. Nun aber, soeben, hätten sich seine Ohren geöffnet, und er könne gut hören.

Anschließend fragte ich, wer der zweite Geheilte sei. Aber niemand meldete sich. "Beten wir also weiter", fuhr ich fort.

Am nächsten Tag hatten wir eine Versammlung mit dem Klerus der Diözese. Ein Priester meldete sich und sagte: "Pater, gestern haben Sie etwas getan, was nicht im Einklang mit dem Evangelium steht. Wenn Jesus einen Kranken heilte, verbot er ihm, das Wunder auszuposaunen. Sie dagegen haben gestern abend die Geheilten aufgefordert, das Wunder aller Welt zu verkünden."

Darauf antwortete ich ihm : "Lieber Mitbruder, damals ging es um das messianische Geheimnis. Am Beginn seines öffentlichen Wirkens wollte Jesus nicht, daß seine Identität - die Identität des Messias - so schnell bekannt werde. Deshalb ermahnte er die Geheilten: "Sagt es niemandem!" Aber am Tage seiner Himmelfahrt gab er uns den Auftrag, daß wir das Evangelium bis an die Grenzen der Erde verkündigen; denn das messianische Geheimnis war nun bereits enthüllt und geoffenbart. Heute wissen wir nicht nur, daß Jesus der verheißene Messias und Erlöser ist, sondern wir sollen es aller Welt und in aller Welt, ja bis an das Ende der Welt verkündigen. Genau das ist der Auftrag der Kirche. Was wäre denn sonst ihre Aufgabe, ihr Auftrag, ihre Mission, wenn nicht gerade dies?!

In diesem Augenblick meldete sich ein Priester. Ich dachte, er habe einen weiteren Einwand. Er aber berichtete: "Pater, als Sie gestern abend bekanntgaben, daß zwei Taube geheilt würden, da meldete sich nur einer, der Zeugnis gab. Der zweite stand nicht auf, denn der bin ich. Ich bemerkte wohl, daß ich plötzlich gut hörte, aber ich hatte nicht den Mut, aufzustehen, weil ich dachte: 'Warten wir mal ab, ob es stimmt.' Als ich aber heute morgen erwachte, hörte ich zum erstenmal seit drei Jahren wieder die Vögel singen. Heute nachmittag konnte ich länger als eine Stunde Beichte hören, wobei ich ohne Hörgerät alles klar verstand."

Als er sein Zeugnis beendet hatte, klatschten alle Beifall. Da fragte ich den Priester, der sich zuerst gemeldet hatte: "Lieber Mitbruder, glauben Sie nicht auch, daß Gott mehr verherrlicht wird, wenn wir seine Wunder laut verkünden?"

Jede Heilung bietet eine Gelegenheit, darauf hinzuweisen, daß JESUS der MESSIAS ist. Jedes Zeugnis ruft die evangelistische Botschaft in die Welt hinaus: "Jesus ist der Retter der Welt!"

D. Die Aussätzigen werden rein

Jesus ist immer derselbe - gestern, heute und in alle Ewigkeit! Was er vor 2.000 Jahren tat, tut er auch heute; er wiederholt die Zeichen und Wunder von damals: denn er hat heute noch dieselbe Macht wie damals.

Nachdem ich während einer Priesterfreizeit in Sagmelina, in Afrika (Kamerun), gepredigt hatte, lud man mich ein, in einer staatlichen

Lepra-Station, in der es über 300 Aussätzige gab, für die Kranken zu beten. Es berührte uns tief, als wir zu diesen leidgeprüften Kranken kamen und das Bild des Jammers sahen: wie der "Wurm" der Lepra das Fleisch dieser Menschen zerfressen hatte. Einigen hatte man, um ihr Leben zu verlängern, Gliedmaßen amputiert; andere waren infolge ihrer Krankheit erblindet - und zu diesem Bild des Grauens kam der entsetzliche Gestank des verfaulten Fleisches ...! Nachdem ich zu ihnen über die Kraft des Gebetes gesprochen hatte, betete ich und bat den HERRN, er möge diese armen Kranken heilen. Einige Zeit später, nach meiner Rückkehr aus Afrika, erhielt ich einen Brief einer Ordensschwester, die in der Aussätzigen-Station Dienst tut. Sie berichtete darin, daß der HERR zehn Lepra-Kranke geheilt habe; zehn Aussätzige, die sich wieder in das normale Leben ihres Stammes eingliedern konnten und heute von ihrer Heilung Zeugnis geben! Da fragte ich den HERRN: "Warum wurden gerade zehn geheilt und nicht neun oder elf?" In meinem Herzen spürte ich, daß ER mir antwortete: "Damit die Menschen wissen, daß der Heiler von heute derselbe ist wie der, welcher die zehn Kranken des Evangeliums heilte."

Ich glaube, daß die Lepra unseres Jahrhunderts der Krebs ist. "Krebs", ein Wort, das fast gleichbedeutend ist mit "verurteilt zum Tode". Deshalb möchte ich berichten, wie Jesus von der "Lepra des Krebses" heilt.

Was die Krankheit und das Leid anbelangt, stehen wir vor einem rätselhaften Geheimnis, einem Mysterium. Einige Menschen werden damit konfrontiert und zerbrechen daran. Wer das Mysterium aber im Licht des leeren Kreuzes bis in die letzten Tiefen auskostet, der schätzt es. Dies geschah bei jener Frau, die bereits am Rande des Todes stand:

Ich heiße Elena Gaspoz und komme aus Evolene in der Schweiz. Ich bin 43 Jahre alt, seit 21 Jahren verheiratet und habe drei Kinder. Ich litt an einem Geschwür, das sich im Jahr 1975 in den Knochen gebildet hatte. Man nahm eine Knochentransplantation vor, und drei Wochen später gab mir der Arzt das Ergebnis bekannt: bösartiger Tumor - Knochenkrebs.
"Ich will nicht sterben!" antwortete ich ihm, "ich habe drei Kinder, die ich aufziehen muß; eines davon ist schwer krank, und mein Mann hatte erst vor kurzem einen Unfall." "Solange der Krebs nicht

bis zur Wirbelsäule gelangt, kann man noch etwas dagegen tun", erwiderte mir mit abwägenden Worten der Arzt. Diese Aussage traf mich wie der Blitz.

Leider verschlimmerte sich die Krankheit und erreichte bald die Wirbelsäule. Man sprach von einem Bandscheibenvorfall. Von einem Arzt erfuhr ich jedoch, daß er wegen Knochenverschleisses nicht operieren wolle und daß meine Krankheit tödlich sei.

Mein Zustand änderte sich ähnlich dem Wetter, bis schließlich eines Tages auf einen heftigen Rückenschmerz eine Lähmung beider Beine folgte. Ich kam ins Krankenhaus, wo man mich ganz gründlich untersuchte und mir starke, schmerzstillende Mittel verabreichte. Monate verbrachte ich im Bett, wobei ich nicht einmal den Kopf bewegen konnte.

Mein Mann verhielt sich einmalig! Immer wieder machte er mir Mut und unterstützte mich im Gebet. Diese Krankheit brachte uns immer näher zusammen und machte uns sensibler für die Nöte des anderen. Wenn man an der Schwelle des Todes steht, erkennt man, wie wichtig die Liebe ist, und man möchte keine Gelegenheit, dem anderen Liebe zu erweisen, ungenutzt verstreichen lassen.

Meine Heilung begann am Samstag, dem 1. Juni, in der Versammlung des Paters Tardif in Sion. Als ihm Gott durch die "Gabe der Erkenntnis" meinen Fall offenbarte, wurde mir nicht sofort bewußt, daß ich gemeint war. Hatte ich doch gar nicht um meine Heilung gebetet. Ich war zu diesem Treffen gekommen, um zu beten und meinen Mann und meine Kinder dem HERRN anzuvertrauen; denn ich dachte, daß meine unerträglichen Schmerzen das Anzeichen dafür seien, daß mein Leben sich dem Ende nähere.

Da spürte ich plötzlich eine starke Wärme, die meinen Körper durchströmte. Meine Töchter machten mich darauf aufmerksam, daß mein Gesicht ganz rot sei. Nach dem Gottesdienst stellte ich fest, daß mein Rücken nicht mehr schmerzte und daß ich beim Gehen keine Gleichgewichtsstörungen mehr hatte. Einige Freunde, die meinen Sohn, der Arzt ist, begleiteten, sagten: "Wie warm du bist, Elena!" - "Ich bin ganz sicher, daß es die Wärme des HERRN ist", gab ich ihnen zur Antwort.

Zu Hause angekommen, machte ich meinen Mann darauf aufmerksam, daß ich den Kopf drehen könne. In der Nacht konnte ich mich ohne Schwierigkeiten im Bett umdrehen, was ich seit Jahren nicht mehr vermocht hatte. Es war wie im Traum ! Mehrere Male schaltete ich das Licht ein, um mich zu beobachten, und es wurde mir vollkommen bewußt, daß mich der Heilige Geist geheilt hatte. In der Frühe, als ich erwachte, war ich eine neue Frau: Alle meine Schmerzen waren fort, und mein Mund war, anders als sonst, nicht mit Blut gefüllt. Ich stand ohne Hilfe auf und fühlte mich so leicht und luftig wie eine Flaumfeder. Schnell lief ich, um meine Familie zu wecken; weinend und singend zugleich eilte ich durch das Haus und rief ganz laut:"Der HERR hat mich geheilt, der HERR hat mich geheilt!" - Stellen Sie sich bloß meine Freude vor! Zehn lange Jahre war ich krank gewesen!

Die folgenden drei Wochen lebte ich in überschäumender Freude. Heute kann ich aber versichern, daß diese langen Jahre der Prüfung den Glauben und die Liebe in unserer Familie wachsen ließen. Jetzt leben wir ganz anders zusammen! Und dies nicht nur dank der Heilung, sondern auch dank der Krankheit, die meinem Leben ein Ende zu machen drohte.

Ich möchte allen Kranken sagen: "Selbst wenn euch eure Familie, eure Freunde oder die Ärzte aufgeben beziehungsweise verlassen - der HERR verläßt euch nie, ER bleibt euch treu".

Danke, HERR! Du bist wunderbar! Nun bleibt kein Zweifel mehr: Du bist tatsächlich auferstanden! Jeden Tag beweist Du es uns neu, daß Du mitten unter uns wohnst. Halleluja!

Das folgende Zeugnis zeigt uns: Wenn der HERR heilt, reicht seine Heilungskraft bis in die tiefsten Tiefen des menschlichen Seins und bewirkt dort eine Reaktion, die zur Heilung der schlimmsten aller Krankheiten führt, zum Heilwerden von der Sünde.

Am 5. Juli 1981 predigte ich bei einem Treffen in der "Eglise des Reformés" (Kirche der Reformierten) in Marseille, Frankreich. Man brachte einen 34-jährigen Belgier zur Heilungsmesse. Er litt am rechten Bein, an dem er zwei Wunden hatte, an einem Krebs im fortgeschrittenen Stadium.

Nach sieben Monaten der Behandlung wollten ihm zwei Ärzte aus Marseille das Bein amputieren. Er aber wollte es nicht und widersetzte sich dieser geplanten Amputation auf jede nur erdenkliche Weise. Als F. G., der Kranke, erfuhr, daß es eine Messe für die Kranken gebe, vergaß er sein bisheriges Sündenleben und entschloß sich, an der Heiligen Messe teilzunehmen. Während des Gebetes für die

Kranken spürte er in seinem rechten Bein eine starke Wärme, als ob ein Feuer näher käme.

Nach Beendigung der Eucharistie-Feier kehrte er mit einem ganz neuen Gefühl nach Hause zurück. An diesem Nachmittag war etwas geschehen, aber er wußte nicht, was, und er hatte dafür keine Erklärung. Zum erstenmal seit sieben Monaten ging er ohne Schlaftabletten zu Bett und schlief wie ein Murmeltier. Als er am nächsten Morgen erwachte, war er glücklich, und verwundert sagte er zum Jesuiten-Pater, mit dem er die Unterkunft teilte: "Wie eigenartig, ich spüre in meinem Bein keine Schmerzen mehr. Laß uns mal sehen, was da los ist."

Zusammen entfernten sie den Verband vom rechten Bein und stellten ganz erstaunt fest, daß das Bein völlig gesund war und eine frische Haut die Wunde bedeckte. Die Heilung war so vollkommen, und das Gewebe der Haut war so wunderbar erneuert, daß man zwischen dem alten und dem neuen Gewebe keinen Unterschied mehr feststellen konnte.

Der Kranke sprang vor Freude umher und lief in die Klinik, um den Ärzten, die ihn behandelt hatten, sein Bein zu zeigen. Voll Neugierde fragten sie ihn, was denn vorgefallen sei; denn die Heilung war so perfekt und schnell geschehen, daß ihre medizinische Ratio keine Erklärung dafür finden konnte.

Darauf erklärte ihnen der ehemals Kranke: "Gestern heilte mich während der Eucharistie-Feier der HERR."

Sie aber, da sie Atheisten waren, wußten nicht, wer der HERR ist; und genausowenig wußten sie, was man unter "Eucharistie" versteht. Sie antworteten ihm nur: "Dafür muß man eine Erklärung suchen!"

Als mich F. G. per Telefon anrief, um mir dies alles zu erzählen, und auch erwähnte, daß die Ärzte eine Erklärung für die Heilung suchen, erwiderte ich ihm: "Sag ihnen, daß wir die Erklärung haben: Die Erklärung ist, daß Jesus wirklich lebt und tatsächlich in der Heiligen Eucharistie gegenwärtig ist. Da Jesus lebt, kann ER so etwas tun, und ER kann noch viel mehr tun; denn ER ist es, der den Lazarus ins Leben zurückrief - und ER ist es, der so viele Lahme und Krüppel, so viele Blinde und Taube heilte. JESUS ist die Gesundheit und das Heil der Kranken!"

Aber die wichtigste Heilung war nicht die soeben geschilderte, sondern die Heilung des "Herzkrebses", der auch "Sünde" genannt wird. F. G. hatte ein sündenreiches Leben geführt. Der HERR gab ihm jedoch die Kraft, dem allem zu entsagen und einen neuen Weg einzuschlagen. Nicht lange danach trat er in ein Seminar ein, und da ihn der HERR während einer Eucharistie-Feier geheilt hatte, wollte er diesem Mysterium so weit und so tief wie möglich näherkommen und es eines Tages selbst feiern.

Als ich Jahre später wieder nach Frankreich kam, begegnete ich ihm in einem Kloster, wo man das kontemplative Leben pflegt. Er hatte inzwischen die Priesterweihe empfangen und feierte nun das Mysterium unseres Glaubens, bei welchem wir den Tod des HERRN verkündigen und seine Auferstehung preisen. Jesus ist in der Eucharistie unter den Gestalten von Brot und Wein gegenwärtig und wirkmächtig. Wenn unser Glaube stärker wäre und wir IHN mit seiner ganzen Wirkmacht handeln ließen, bräuchten wir nicht so viele theologische Argumente, um Seine reale Gegenwart in der Hostie zu bekräftigen. Es würde genügen, IHN wirken zu lassen, und ER selbst würde die Beweislast seiner realen Gegenwart in der Hostie auf sich nehmen und durch Zeichen und Wunder bestätigen. Dann würden sich unsere Eucharistie-Feiern in Gottesdienste verwandeln, die mit Zeichen und Wundern verbunden wären.

Zum Schluß wird uns noch Pedro Martínez, der aus dem Norden Méxicos stammt, in seinem recht langen, aber sehr beeindruckenden Zeugnis nicht nur von seiner körperlichen Heilung, sondern auch von seiner inneren Verwandlung berichten:

Lieber Pater Emiliano!
Meinen Freunden zu schreiben, ist für mich wohl der interessanteste Zeitvertreib - unter manchen anderen; heute aber weiß ich nicht, wie ich in geeigneter Weise meinen Zeugnisbericht, um den ich gebeten wurde, beginnen soll.

Damals, zu der Zeit, von der ich berichte, war ich ein Mensch, der viel auf Reisen war; und da ich über große körperliche Kräfte verfügte, hätte mich keine Person davon abhalten oder mich dazu bringen können, mehr Zeit für meine Familie zu erübrigen. Nach meinem Dafürhalten - so denken doch viele Leute - wogen meine Sünden nicht schwer.

Ich war der Ansicht, daß man mit Gott auf gutem Fuß steht, wenn man nicht tötet, nicht stiehlt und mit seinem Nächsten keinen Streit hat. Deshalb meinte ich, daß ich ein guter Christ sei. Bleibt noch zu erwähnen, daß ich seit meiner Eheschließung nicht mehr am

Heiligen Abendmahl teilgenommen hatte, das heißt, seit gut dreißig Jahren.

Vor etwa drei Jahren bekam ich auf Grund eines Arbeitsunfalles Schwierigkeiten mit meinem Bein. Dazu kamen dann noch Probleme mit meinem rechten Arm, der so geschwächt war, daß ich kaum meine Aktentasche tragen konnte.

Außerdem stellten sich längs der ganzen Wirbelsäule furchtbar starke Schmerzen ein, die ich, obwohl man mir sehr hoch dosierte schmerzlindernde Mittel verschrieb, kaum aushalten konnte. Schließlich kam es so weit, daß man mir schmerzstillende Mittel injizierte, um den sich häufig wiederholenden Ohnmachtsanfällen vorzubeugen.

Ich suchte dann verschiedene Kliniken in México und den USA auf. Einige Ärzte erklärten, es seien die Nieren; andere meinten, schuld sei mein Übergewicht. Alle aber waren übereinstimmend der Meinung, daß ich mich in Houston operieren lassen müsse.

Da die Schmerzen immer unerträglicher wurden und ich auch noch das Gefühl in meinen unteren Gliedmaßen verlor, lieferte man mich ins Krankenhaus ein, wo man an mir zwei Operationen durchführen wollte.

Von diesem Zeitpunkt an bemerkte ich, daß es zu einer ganz offensichtlichen Annäherung sowohl zwischen meinen Familienangehörigen als auch meinen Freunden kam. In der Folge wurde ich immer mehr von der Hilfe meiner Frau, die mir ihre ganze Zeit aufopferte, abhängig. Mein körperlicher Zustand war ersichtlich so miserabel, daß mich die Fluggesellschaft als Fluggast zurückwies. So mußte ich ein Ambulanz-Flugzeug chartern.

Der Neurochirurg, der mich früher schon des öfteren operiert hatte, klärte mich darüber auf, daß der Eingriff diesmal sehr heikel und seiner Ansicht nach gefährlich sei. So kam es, daß er am Abend vor der Operation mich in einer äußerst nüchternen und direkten Weise fragte: "Don Pedro, glauben Sie an Gott? Empfehlen Sie sich ihm doch bitte an, denn wir werden ihn, das heißt seine Hilfe, und zwar seine ganze Hilfe, brauchen."

Der Eingriff war kein Erfolg. Ich fühlte mich danach elender als zuvor, war bewegungsunfähig und von der Brust bis zu den Füßen ohne Gefühl.

Bei der neuerlichen Operation an meiner Wirbelsäule hatte man festgestellt, daß sie völlig von Knochenkrebs durchsetzt war.

Außerdem diagnostizierte man einen Prostata-Krebs. Klinisch konnte man für mich nichts mehr tun. Die mir noch verbleibende Lebensspanne schätzten die Ärzte auf höchstens drei Monate.

Nach einigen Wochen stellte ich fest, daß ich in alarmierender Weise an Körpergewicht verlor. Infolge meiner unerträglichen Schmerzen verabreichte man mir Medikamente, die mich tagelang in einen betäubungsähnlichen Zustand versetzten. Deshalb bat ich, da ich mich sehr unwohl fühlte, inständig meine Frau, daß wir nach Beendigung der vorgesehenen Bestrahlungen nach Hause zurückkehren.

Als wir nach Hause kamen, trafen wir einige Familienangehörige und Freunde an. Sie waren gekommen, um mir Mut zu machen. Angesichts meines Zustandes verloren sie aber die Hoffnung und verabschiedeten sich ganz betroffen. Denn noch vor wenigen Monaten kannten sie mich als widerstandsfähigen, kräftigen Mann mit 105 kg Körpergewicht; jetzt hatten sie einen auf 55 kg heruntergekommenen und noch dazu zum Tode verurteilten Menschen vor sich.

Meine Frau jedoch konnte sich keinen Augenblick lang mit dem Gedanken anfreunden, daß ich sie auf solche Weise verlassen sollte; deshalb suchte sie in dieser verzweifelten Situation alle für sie erreichbare Hilfe.

Da ich die von den Ärzten vermutete Lebensfrist von drei Monaten überschritten hatte, faßte man Mut und brachte mich nach Monterrey. Die Ärzte des Teams, die sich mit meinem Fall befaßten, hatten wenig Mitgefühl mit meiner Frau, als sie ihr ganz nüchtern und sachlich erklärten, sie möge sich keine Illusionen machen. Die Tatsache, daß ich die mir von den Ärzten gesetzte Drei-Monats-Frist bereits überschritten habe, sei kein ausreichender Grund, nicht weiterhin befürchten zu müssen, daß sich mein Zustand von einem Tag zum anderen wieder verschlimmern könne.

Nachdem ich monatelang in Monterrey radiologisch behandelt worden war, erhielten wir von einer Gebetsgruppe Besuch. Schon nach der ersten Zusammenkunft hatten wir starkes Verlangen nach einem weiteren Besuch. Beim dritten Besuch machte man uns dann mit dem Evangelium bekannt. Man erzählte uns von der Liebe Gottes in einer Weise, wie ich es noch nie gehört hatte. Ich erkannte mich als Sünder und nahm Jesus in mein Herz auf; gleichzeitig übertrug ich IHM die Herrschaft über mein ganzes Leben. Anschließend legten mir meine Besucher die Hände auf und beteten um die Erfüllung mit dem Heiligen Geist.

Bei dieser meiner Geistestaufe sah ich, daß sich Hände gegen mich ausstreckten; Hände von denen ein strahlendes Licht, das von einem dichten Nebel umgeben war, ausging - und diese Hände ergriffen meine Hände. Ich fühlte in ganz eigenartiger, ergreifender Weise die Gegenwart von etwas Göttlichem, das zu beschreiben, ich auch jetzt noch nicht fähig bin.

Einige Freunde berichteten uns, daß Pater Tardif im November in Guadalajara bei einem Freizeittreffen anwesend sein würde. Da wir riesig gerne daran teilnehmen wollten, baten wir unsere Freunde, sie möchten uns doch Eintrittskarten besorgen. Die Reise planten wir per Flugzeug; das ganze Haus vibrierte in erwartungsvoller Freude; ein Jubel, gleichsam ansteckend, erfaßte die ganze Familie. Am 22. November machten wir uns dann auf den Weg. Ich mußte den Rollstuhl mitnehmen, da ich ihn brauchte, um mich fortzubewegen.

Bei unserer Ankunft waren wir überrascht, als wir Tausende Menschen, die das Stadion belagerten und auf Einlaß warteten, erblickten. Das war wie eine richtige Wallfahrt singender, sehnsuchtsvoller Menschen! Darunter waren auch viele Kranke, die man auf Tragbahren verschiedenster Bauart herbeigeschafft hatte. Daneben ganze Reihen von Invaliden in Rollstühlen; Krüppel, die man auf den Armen trug; Kranke mit Krücken oder Stöcken; wieder andere als menschliche Lasten auf den Rücken von Trägern; die Träger lächelten, ohne auf das Gewicht der Last zu achten - in den Augen nur den Wunsch, das WORT GOTTES zu hören.

Wie leicht fällt es doch einfachen, unverbildeten Menschen zu warten!

Mit aufmerksamer und gespannter Anteilnahme folgten wir dem Verlauf der Feier. Unser Staunen nahm kein Ende, als wir die 60.000 Menschen sahen, wie sie durstig aus der Quelle des WORTES Gottes tranken.

Als Sie, Pater Tardif, an die Reihe kamen, um für die Kranken zu beten, wunderten wir uns sehr über die vielen Heilungen: da ein Mann, der seine Krücken in die Höhe hielt und losmarschierte; dort eine Blinde, die plötzlich sehen konnte, usw. ...

So verging die Zeit, bis Sie, Pater Tardif, schließlich bekanntgaben, daß nur noch fünf Minuten für das Krankengebet übrig seien. Da redete meine Frau folgendermaßen mit Gott: "Mein Gott, ich danke Dir von ganzem Herzen, daß Du uns erlaubt hast, an diesem Gottesdienst teilzunehmen. Die Zeit, die für das Krankengebet vorgesehen war, wird aber gleich zu Ende sein, und ich habe nicht gehört, daß Du Dich meines Mannes angenommen hättest. Wenn Du ihm aber diesmal seine Gesundheit nicht wiedergibst, dann weißt Du sicherlich, warum. Ich bitte Dich, mein Gott, bloß darum, daß Du ihm auch weiterhin seinen Glauben erhältst und nicht zuläßt, daß er - nur deshalb, weil heute nicht seine Stunde war - seinen Mut verliert und in seinem Glauben schwankend wird."

Als meine Frau ihr Gebet gerade beendet hatte, gaben Sie bekannt, daß in diesem Augenblick fünf Personen geheilt werden: zwei Frauen und drei Männer. Dabei erwähnten Sie, als Sie von den Männern sprachen, daß einer unter ihnen von Knochenkrebs geheilt werde. Er möge nicht erschrecken, wenn er in seinem Körper eine starke Hitze und eine beklemmende, angstvolle Unruhe verspüre.

Meine Frau wandte sich um und schaute mich an. Ich war in Schweiß gebadet, und ein Feuerstrom durchglühte meinen ganzen Körper. Hinzu kam eine unbeschreibliche, angstvolle Gemütserregung, die sich in einem langanhaltenden Schluchzen entlud.

Ich hatte die innere Gewißheit, daß Ihre Worte, lieber Pater Emiliano, mir galten, und das sagte ich auch meiner Frau. Trotz der Spannung und der gewaltigen Erregung, die ich in diesem Augenblick spürte, hörte ich, daß Sie darum baten, daß die soeben Geheilten nicht jetzt, sondern erst in zwei Wochen von ihrer Heilung Zeugnis geben mögen.

Tief gerührt und glücklich lobten wir - alle, die mit uns in der Loge untergebracht waren, unseren barmherzigen Gott, weil ER uns ganz zuletzt noch heilend berührt hatte.

Bei der Eucharistie-Feier dankten wir nochmals dem HERRN für all die Wunder, die wir dank seiner Güte als Zeugen miterlebt hatten.

Am Sonntag, dem 25. November, begaben wir uns zum Flugplatz. "Ich habe soeben Pater Tardif gesehen!" rief plötzlich meine Frau. Ich erwiderte: "Du mußt dich wohl getäuscht haben. In Anbetracht der großen Entfernung zwischen uns und der Stelle, wo Pater Tardif gebetet hatte, ist es unmöglich, eine Person klar zu erkennen." Sie machte sich trotzdem auf den Weg und kam ganz begeistert zurück: "Es ist Pater Tardif! Es ist Pater Tardif!" Dann forderte sie mich auf, daß wir zu Ihnen hingingen, um Sie zu begrüßen.

Die Begeisterung meiner Frau war so groß, daß sie erst gar nicht auf mich wartete; sie ging sofort los, um Sie, während Sie gerade mit anderen Gläubigen sprachen, zu begrüßen:
"Entschuldigen Sie bitte, wenn ich Sie unterbreche; ich möchte nur wissen, ob Sie wirklich der Pater Tardif sind", platzte sie los.
Sie fragten sie dann, ob Sie ihr irgendwie behilflich sein könnten.
- In großer Hast bat Sie dann meine Frau, ob Sie uns nicht eine Minute Ihrer Zeit schenken könnten, da wir Sie gerne begrüßen und persönlich kennenlernen möchten. - "Länger als eineinhalb Jahre warten wir bereits sehnsüchtig auf diesen Augenblick", ergänzte sie noch ganz schnell.
Ohne zu warten, bis ich ankam, standen Sie auf und kamen mir entgegen; ich lehnte inzwischen, auf meine Gehstöcke gestützt, an der Wand.
In aller Eile und Kürze erzählte ich Ihnen meine Krankheitsgeschichte und fügte schließlich noch hinzu, daß ich gespürt habe, daß ich die an Knochenkrebs erkrankte Person sei, die Sie ganz zuletzt erwähnt hatten. Daraufhin legten Sie mir die Hände auf und begannen in einer fremdartigen Sprache, die ich noch nie gehört hatte, zu beten; die Wirkung war so, daß ich mich in diesem Augenblick mit Gott zutiefst verbunden fühlte.
Während meine Frau vor Rührung weinte, empfahlen Sie mir, ich solle keine Angst haben; ich würde gesund werden und solle in zwei Wochen davon Zeugnis geben. Dann legten Sie mir nahe, ich möge das Buch "Jesús está Vivo" (Jesus lebt) lesen.
"Wir konnten es unmöglich im Stadion beziehungsweise in der Bücherei des Zentrums auftreiben, aber ein befreundetes Ehepaar wird es uns schicken", entgegneten wir. In diesem denkwürdigen Augenblick streckte ein Mann, der in der Menge stand, seinen Arm, mit dem Buch "Jesús está Vivo" in der Hand, in die Höhe. "Hier ist es", sagte er, "ich schenke es dir." -
Sie nahmen das Buch, und nachdem Sie mir die Seite im Buch, wo das Gebet für die Kranken steht, gezeigt hatten, reichten Sie es mir mit den Worten: "Mein Sohn, Gott ist mit dir."
Von diesem Augenblick an brauchte ich keinen Rollstuhl mehr. Ich stieg in den Autobus, der uns bis zum Flugzeug brachte; dort ging ich ohne fremde Hilfe, nur auf meine Gehstöcke gestützt, die Gangway hinauf. Zehn Tage später klingelte das Telefon. Mein Hausarzt, der Neurologe aus Reynosa, wollte mir während seines

Aufenthaltes in Monterrey einen Besuch abstatten. Denn der Zeitpunkt einer weiteren Untersuchung durch die anderen Spezialisten, bei denen ich in Behandlung stand, war nahe herbeigekommen.

Am folgenden Tag rief mich der Spezialist für Nuklearmedizin an und informierte mich, daß er soeben eine neue Kapsel mit radioaktivem Material erhalten habe; es sei jetzt der passende Zeitpunkt, daß ich ihn konsultiere. Wir begannen, die Tage zu zählen. Das Datum der neuen medizinischen Untersuchung begrenzte den Zeitraum von zwei Wochen, von dem Sie im Stadion gesprochen hatten.

Am 7. Dezember 1984 nahm man in der medizinischen Abteilung für Nuklearmedizin die ersten Knochenuntersuchungen vor; gleichzeitig schickte man zusätzlich Proben zur klinischen Analyse in das Laboratorium. Am Nachmittag, die Filme der Untersuchungen in der Hand, informierte uns der Arzt, daß er gern Gewißheit über das auf den Filmen festgehaltene Ergebnis hätte und sie daher dem Onkologen (Krebsspezialisten) schicken würde, damit dieser das Resultat bestätige.

Als wir den Onkologen anschließend aufsuchten, prüfte er aufmerksam und mit größter Sorgfalt die "Proben", wobei er überall nach den "heißen Punkten" in meinen Knochen suchte. - "Ich finde nichts", sagte er, "aber Sie müssen warten, bis uns das Labor einen Bericht über das Ergebnis seiner "Proben" schickt; dieses Ergebnis ist nämlich der Parameter, der die reale Entwicklung des Krankheitszustandes anzeigt."

An demselben Nachmittag hatten wir auch eine Verabredung mit dem Urologen. Nachdem er mich gründlich untersucht hatte, rief er aus: "Don Pedrito, Sie sind nicht bloß gesund; Ihr Gesundheitszustand ist ja ganz ausgezeichnet! Achten Sie jetzt gut darauf!"

Nun sehnten wir den Montag herbei. Wir waren ruhig und ganz sicher, daß alles gut ausgehen wird. Der Spezialist für Nuklearmedizin erwartete uns in seinem Arbeitszimmer und teilte uns mit, daß er die Werte bereits vorliegen habe, aber vom Labor noch eine Bestätigung einholen möchte, da das Ergebnis nicht mit den Aufzeichnungen und der Bewertung der "Proben" übereinstimme.

Kaum waren zehn Minuten vergangen, da läutete das Telefon: die Antwort des Laboratoriums. Der Arzt horchte aufmerksam zu und legte dann den Hörer auf. Nach kurzem Schweigen wandte er sich mir zu und sagte ganz einfach: "Die ärztliche Wissenschaft ist gut, aber nicht ganz gut. Sie sind gesund. - Schluß mit den Bestrahlungen! Bleiben Sie gesund, Don Pedro!" Wir suchten dann den Onkologen auf, um uns von ihm zu verabschieden: "Glauben Sie nicht", sagte er, "wenn heute alles gut ausging, daß es auch in Zukunft immer so sein wird!" - Da ich fühlte, daß der HERR mit mir war, erwiderte ich: "Was gilt die Wette, daß es so sein wird?"

Lachend antwortete er:

"Gut, das wäre eine Wette, die ich mit größtem Vergnügen verlieren würde. Aber belassen wir es besser dabei."

"Werter Pater Tardif, ungefähr vor drei Jahren fuhr ich nach Houston, um mich dieser so heiklen Operation zu unterziehen. Es war ein grauer und kalter Tag. Kurz bevor das Rettungsauto losfuhr, schaute ich zurück, um mein Haus das letzte Mal zu sehen; dabei sprach ich ganz leise in meinem Herzen: "Mein Gott, ich weiß nicht, ob ich dieses Stück Land noch einmal sehen werde; aber ich liebe es, und ich liebe alle die Menschen, die mich mit ihrer Liebe so sehr bereichert haben."

Heute, drei Jahre später, möchte ich Ihnen über die unzähligen Gnaden, die mir Gott geschenkt hat, einen kurzen Bericht geben: Gott legte mich zuerst physisch beinahe vollständig lahm, um mich die notwendige Demut zu lehren. Dann schenkte ER mir die Demut; mit ihrer Hilfe bescheiden und einfach geworden, fand ich schließlich den Zugang zu inniger Liebe und rücksichtsvollem Zartgefühl.

In diesen drei Jahren schenkte mir der HERR Wachstum im Glauben und die Gewißheit, daß mit Seiner Hilfe alles möglich ist.

Ich habe gelernt, daß es im Leben ständig Veränderungen gibt und daß ich mich an das neue Leben anpassen muß; in meinem Fall vor allem an ein Leben ohne Eile. Ich muß versuchen, mich so weit wie möglich von Sorgen und quälenden Kränkungen freizumachen; ebenso von Groll und falscher innerer Einstellung.

Ein neuer, wunderbar schöner Abschnitt meines Lebens hat begonnen. Ich preise den HERRN, weil ER mich in diesen Jahren verwandelt hat; aber nicht nur mich, sondern auch die grauen Tage von früher hat er durch die strahlende Sonne von heute neu gemacht.

Ich habe gelernt, keine abwägenden Vergleiche anzustellen. Ich frage nicht mehr: "Warum gerade ich?" - Ich weiß, daß es einen Gott gibt, der mich liebt, und daß alles, was war, gut war.

Gesegnet sei die Krankheit, durch die mir Gott Gesundheit geschenkt hat, Gesundheit in Fülle.

E. Den Armen wird das Evangelium verkündigt

Wenn ich in aller Welt predige, die Steppen und Wüsten Afrikas durchquere, in Gefängnissen und Heilanstalten für Leprakranke einkehre - immer stelle ich dasselbe fest: es sind die Armen und fast immer die Ärmsten der Armen, die das Evangelium in aller Schlichtheit annehmen. Sie sind es, deren Herzen am weitesten geöffnet sind; vielleicht deshalb, weil sie die Frohbotschaft am meisten brauchen. Bei meinen Predigten in Europa war die Situation an manchen Orten ganz anders: cartesianische Mentalität, oft verbunden mit theologischer, medizinischer beziehungsweise psychologischer Analyse. Daneben habe ich hier auch eine Armut, aber eine andere Armut festgestellt: die Langeweile und Sinnentleertheit des Lebens bei denjenigen Menschen, welche materielle Güter in überreicher Fülle besitzen. Häufig sind diese Leute ärmer als die Armen, da ihnen das Wichtigste fehlt: die L I E B E.

Diese Menschen leben in Gefängnissen aus Gold, sie besitzen Autos und Flugzeuge, aber wissen nicht, wohin sie damit fahren oder fliegen sollen. Sie haben alles versucht, aber nichts füllt sie aus.

Das Evangelium ist für die Armen; es ist für sie eine "Frohe Botschaft"; gleichzeitig ist es jedoch für uns ein Aufruf zu einem einfacheren und bescheideneren Lebensstil; zu einem Leben ohne Sucht und Gier; einem Leben in der Fülle, weil frei von jeglicher Bindung.

Abschließende Zusammenfassung

JESUS ist der Messias, der uns verheißen worden war. Mit ihm gingen die messianischen Prophezeiungen in Erfüllung; durch IHN wurden die Zeichen, die ihn als Messias ausweisen, Wirklichkeit. Wir brauchen nicht weiter auf einen anderen zu warten. Die Erwartungen sind bereits erfüllt. Die Zeiten, da man eine Lampe gebraucht hätte, um den MESSIAS zu finden, sind vorbei; denn jetzt ist ER selbst das LICHT, ist ER derjenige, der uns mit seinem LICHT erleuchtet: mit LICHT, das keinen Abend kennt.

Kein anderer Name, in dem wir gerettet werden können, ist uns gegeben. JESUS ist der einzige Retter und Erlöser. Er wiederholt und spricht für uns Menschen von heute:

Damit die Menschen wissen, daß der Menschensohn Macht hat, Sünden zu vergeben: "Steh auf und geh !"

Damit die Menschen wissen, daß ich das Licht der Welt bin: "Augen, öffnet euch !"

Damit die Menschen wissen, daß ich die Auferstehung und das Leben bin: "Komm heraus aus dem Grab der Sünde !"

Damit die Menschen wissen, daß ich der Weg bin: "Geh, mach dich auf !"

Jesus ist der durch die Propheten angekündigte Messias, auf den Israel gehofft und gewartet und den die ganze Welt so sehr benötigt und gebraucht hat. Auch heute ist Jesus der Messias, unser Messias!

Der Prophet spricht auch von Toten, die ins Leben zurückkehrten, wieder lebendig wurden. Ich glaube, daß die "INNERE HEILUNG" eine Möglichkeit der Auferstehung vom Tode zum Leben ist, da sie uns am Sieg Jesu Christi über den Tod teilhaben läßt.

Das folgende Kapitel ist diesem Thema gewidmet.

2. Innere Heilung

Das Schönste, was ich in der charismatischen Erneuerung gefunden habe, war das, was unter der Bezeichnung "Innere Heilung" bekannt ist. So wie unser Körper durch verschiedene Krankheiten angegriffen wird, können wir auch innerlich angefochten werden von Traumas, Komplexen, Angst, Groll und den verschiedensten Arten von Unsicherheit. Man kann noch weiter gehen:

Manche, sogar sehr viele physische Krankheiten sind nur Folgeerscheinungen psychischer (seelischer) Fehlhaltungen beziehungsweise Störungen; und wenn man diese heilt, verschwinden auch jene.

Wenn unsere Gefühle verletzt wurden, werden wir argwöhnisch und mißtrauisch. Wenn wir an jemanden denken, der uns verraten hat, steigen in uns Groll und Wut gegenüber der ganzen Welt auf.

Es kann auch sein, daß wir in unseren Liebesgefühlen enttäuscht wurden; als mögliche Folge verschloß sich von da an unser Herz gegenüber jedem Liebeserweis.

Jesus aber kam, um die zerbrochenen Herzen zu heilen und uns ein neues Herz zu geben. Es ist wunderbar zu entdecken, wie reich das Evangelium an Heilungen dieser Art ist: seine Jünger heilte Jesus von dem Streben nach Reichtum und Ruhmsucht (Mt 19, 16 - 26), von Autoritätsstreben (Mt 19, 27 - 30), von Todesfurcht (Mk 4, 35 - 41), von der Furcht vor Mißerfolg (Mk 4, 30 - 32), von Haß, Ressentiment und Groll (Lk 6, 27 - 31), von Stolz (Lk 18, 9 - 14) und von Irrtum (Joh 7, 31 - 33).

Den Hauptmann heilte er von seinem Minderwertigkeits-Komplex (Mt 8, 8 - 13), die Samariterin von ihrem Rassenhaß (Joh 4); Zachäus befreite er von Ungerechtigkeitsgefühlen (Lk 19, 1 - 10), die Ehebrecherin vom Schuldkomplex (Joh 8, 1 - 11) und die Prostituierte von der Unreinheit (Lk 7, 1 - 12). Und von der Sünde, dem schlimmsten aller Übel, befreite ER den Gelähmten (Mk 2, 1 - 12).

Wie oft möchten wir helfen, können es aber nicht! Die Kraft unseres Willens ist zu schwach, und unser Charakter ist nicht stark genug, die feindlichen Widrigkeiten zu überwinden. Ein anderes Mal wieder denken wir, daß sich die anderen ändern müßten, und wir verlangen es - ohne Erfolg. Im Gegenteil, es scheint, daß sich die Probleme noch verschlimmern. Der Grund davon ist, daß wir alle verwundet sind und deshalb nicht genügend Kraft haben, um unsere Beschränkungen zu überwinden.

Auch ich habe die Gnade der inneren Heilung erlebt:

Während meines ganzen Lebens hatte ich Schwierigkeiten, wenn ich mit Blut, auch wenn es nur Spuren davon waren, in Berührung kam. Wenn ich an der Reihe war, Todkranken, die bluteten, die Krankensalbung zu bringen, war das für mich ein Opfergang; da brach kalter Schweiß aus allen meinen Poren, und so sehr ich mich auch bemühte, ich konnte es nicht verhindern.

Einmal sah ich einen Kriegsfilm, wo viel Blut zu sehen war. Mir brach kalter Schweiß aus, und ich schaute weg, da ich es nicht mehr aushielt und am Rande einer Ohnmacht war. Mir wurde so übel, daß ich mitten in der Vorstellung hinausgehen mußte.

Eines Tages kam Monsignore Alfonso Uribe Jaramillo zu einem Freizeittreffen. Während der Meßfeier betete er für die Heilung von Erinnerungswunden, indem er die verschiedenen Lebensphasen aufzählte. Während er für die Heilung der Wunden aus der Kindheit betete, erinnerte ich mich daran, daß ich eines Tages im Alter von fünf Jahren Streit mit meinem sechsjährigen Bruder hatte. Da ich ein Taschenmesser in der Hand hatte, warf ich damit nach ihm. Es traf und verletzte seinen Arm so sehr, daß die Wunde stark blutete. Natürlich erschrak ich heftig, als ich seinen blutigroten Arm sah; doch obwohl ich diesen Vorfall vollkommen vergessen hatte, löste der Anblick von Blut jedesmal die erwähnte Reaktion aus. Während Monsignore Uribe Jaramillo betete, kam mir dieser Vorfall von damals, als ich fünf Jahre alt war, wieder ins Bewußtsein, und ich bat den HERRN, er möge mich von dieser Erinnerung heilen.

Später besuchte ich in Spitälern Kranke mit schweren Unfallwunden, ohne daß die genannte Reaktion jemals wieder auftrat. Dank dieser inneren Heilung bin ich davon frei geworden. Der HERR heilte diese Erinnerungswunde, und seitdem verstehe ich die Wichtigkeit der inneren Heilung besser. Bei mir verursachte der Anblick von Blut Übelkeit; bei anderen verursacht eine emotionale Wunde möglicherweise Unwohlsein in Gegenwart einer Autoritätsperson, mit der sie in Berührung kommen; ein möglicher Grund: ihr Vater oder die Mutter oder irgendein Lehrer hatten sie einmal zu hart angefaßt. Viele Söhne sind auf Grund ihrer emotionalen Verwundungen widerspenstig. Durch ihre Rebellion wollen sie sich, ohne sich dessen bewußt zu sein, vor jeder auch nur möglichen Gewaltanwendung schützen.

Wir brauchen jedoch nicht unbedingt die Wurzel des Problems zu kennen, sondern eher die Lösung; und diese Lösung ist das "Gebet um innere Heilung", das uns von den Ursachen, die der Grund unserer Reaktionen sind, befreit:

Ein Junge hatte so feine Gesichtszüge, daß viele Leute meinten, daß er wie ein Mädchen aussehe. Das war für ihn die Ursache eines tiefen Traumas, einer seelischen Verwundung, die sich so auswirkte, daß er sich vor einem Teil seiner Spielkameraden sehr männlich aufspielte, während er den anderen, die ihn kritisierten oder sich über ihn lustig machten, auswich. Im Verlauf der Jahre wich er auch den Mädchen immer mehr aus, da sie ihm wie ein Spiegel vor Augen stellten, was er nicht sein wollte. Als er dann ins Erwachsenenalter kam, verschlimmerte sich sein Problem dermaßen, daß er homosexuell wurde.

Während seines Gebetes um innere Heilung befreite ihn eines Tages der HERR von seiner Gebundenheit und füllte gleichzeitig sein Herz mit der Liebe, die er so lange entbehrt hatte. Dank der inneren Heilung und der befreienden Macht des HERRN wurde er von seinem Übel frei und führt heute ein normales Leben.

Das folgende Zeugnis zeigt, wie eine emotionale Verwundung physische Folgen haben kann. Nach der inneren Heilung verschwinden jedoch die körperlichen Symptome, wie aus dem Brief der Schwester Madeleine Danièle hervorgeht:

HERR, Deine fünf Wunden haben meine Wunden geheilt!
Jesus suchte und fand mich inmitten meiner Lauheit; ja noch schlimmer, inmitten meiner Sünde.
Ich befand mich in einem bedauernswerten Zustand: Rücken-schmerzen, Gelenkversteifung in den Knien infolge von Arthrose, so daß ich mich beim Gebet nicht niederknien konnte, zwei bis dreimal pro Woche Migräne und dazu noch ein Leistenbruch. Ich verlor die Freude am Gebet und an geistlicher Lektüre. Zur Beichte ging ich nur ganz selten, und die Eucharistie versäumte ich sogar sehr häufig. Mein einziges Gebet war: "Trotz allem, DU weißt doch, Jesus, daß ich DICH liebe." - Welche Gnade! Ohne auf diese traurigen Umstände zu achten, enthüllte mir Jesus trotzdem sein Antlitz.

Am 5. Juli 1981 rief mich eine Freundin an: "Ich komme und hole dich zu einem Gebetstreffen für Kranke ab", sagte sie mir am Telefon.

In der Kirche suchte ich ganz hinten einen Sitzplatz. Ein Priester mit einem sympathischen spanischen Akzent leitete die Meditation. Er sprach mit solcher Glaubensstärke über die fünf Wunden Jesu, daß ich mich noch heute daran erinnere. Anschließend dankte er für die Heilungen, die der HERR soeben vollbrachte.

"Es ist hier eine Klosterschwester", sagte er, "deren Herz seelisch verwundet wurde. Obwohl die Verwundung bereits viele Jahre zurückliegt, ist die innere Verletzung noch nicht vernarbt. Jesus heilt nun diese Wunde; die Schwester wird in ihrem Herzen eine Freude empfinden, die ihr niemand wird rauben können."

Genau in diesem Augenblick fühlte ich in meinem Herzen eine tiefe Freude, und in meiner Erinnerung tauchten ganz klar die Umstände auf, welche die Ursache von soviel Pein und Qual geworden waren.

Zum Schluß spendete der Priester vom Altar aus den Segen. Ohne zu überlegen, kniete ich mich nieder, und zu meiner großen Überraschung konnte ich ohne Hilfe wieder aufstehen. Dann dachte ich darüber nach, ob etwa ich diejenige Person sei, die von einer emotionalen Verwundung geheilt worden war. Mir kamen jedoch Zweifel, da annähernd zwanzig Klosterschwestern in der Kirche anwesend waren.

Als Sie, Pater Tardif, ins Auto stiegen, kam ich näher und sagte: "Pater, ich war der Grund dafür, daß sich keine andere Schwester zu jener Heilung bekannte; ich glaube, daß ich die geheilte Person bin." Er schaute mich an und erwiderte ganz ruhig: "Auch ich glaube es."

Von diesem Augenblick an begann meine Heilung. Eines Tages sagte ich: "Wenn Jesus meine Knien heilte, hat er vielleicht auch meine Füße geheilt." Ich nahm die orthopädischen Einlagen, die ich seit vier Jahren benutzte, aus den Schuhen und hatte fortan beim Gehen keine Probleme mehr.

Aber das Erstaunlichste geschah, als mich jemand genau an der Stelle, wo sich "meine alte Wunde" befunden hatte, verletzte. Ich überlegte mir wiederholt und sehr reiflich eine bissige Zurechtweisung. Aber dann erinnerte ich mich an das Gleichnis der beiden Schuldner: Ich, die ich Jesus eine tiefgreifende Heilung verdankte, sollte nicht fähig sein, eine kleine Verwundung zu verzeihen?

Ich verzieh und verspürte einen tiefen Frieden und eine große Freude. Das innige Gebetsleben stellte sich wieder ein, die Migräne verschwand, und nun bin ich in meinem Dienst für den HERRN ein neuer Mensch.

Wenn ich das, was Gott in meinem Leben getan hat, betrachte, stelle ich fest, daß denen, die Gott lieben, tatsächlich alles zum Besten dient, und ich bekenne von ganzem Herzen: "Mein HERR und mein Gott, wie sehr muß ich doch jener Person, die mich einst verletzte, danken. Schenke Du ihr Deine Liebe in Fülle!"

Schwester Madeleine Danièle

Die innere Heilung wirkt sich auf zweierlei Weise aus:
a) Sie befreit uns von der Ursache des Leidens.
b) Sie gibt uns Kraft, im Guten standhaft zu bleiben.

Die Traumen aus der Kindheit wirken sich in unserem Verhalten in der Gegenwart aus. Der Alkoholiker wird mit dem Trinken nicht aufhören, solange die Wurzel des Übels nicht beseitigt ist. Er wird weiter trinken; falls nicht, wird ein anderes Symptom, das jedoch dieselbe Wurzel hat, auftreten. Um aufzudecken, was uns gegenwärtig belastet, ergründet der HERR die tiefsten Tiefen unseres Lebens und dringt in die verborgensten Winkel unserer Kindheit ein. Während eines Kongresses in Caracas beteten wir auch um innere Heilung. Da näherte sich eine kanadische Krankenschwester, die in Honduras in der Mission tätig war, und bat uns, für sie zu beten, weil ihr Leben von einer chronischen Traurigkeit überschattet sei. Kaum hatten wir mit dem Gebet begonnen, bekam ein Mitglied unserer Gebetsgruppe ein inneres Bild: Sie sah ein Kind, ganz allein in einem Wald, wo dichter Schnee lag.
Wir fragten die Klosterschwester, ob dieses Bild sie an etwas erinnere. Sie begann zu weinen und erzählte:

Als Kind lebte ich in Kanada. Als es eines Nachmittags schneite, ging ich allein in den Wald. Der Schnee deckte jedoch meine Fußspuren zu, und ich verirrte mich. Ich wollte dann schnell nach Hause zurückkehren, wußte jedoch nicht mehr, in welcher Richtung ich zu laufen hatte. Ich fühlte mich vollkommen einsam und verlassen. Bis mich endlich meine Eltern fanden, waren mehr als zwei lange, tränenreiche Stunden vergangen. Dies war für mich ein schmerzvolles

Erlebnis, und von da an begann ich an Furcht vielfältiger Art zu leiden.

Wir beteten dann folgendermaßen zum HERRN: "Du weißt, o Gott, wie sehr sie litt. Laß sie fühlen, daß sie in Deiner Hand geborgen war und daß Du sie niemals aus den Augen gelassen, sondern jeden ihrer Schritte behütet hast. Bei Dir gibt es weder Vergangenheit noch Zukunft; alles ist Dir gegenwärtig. Wir stellen Dir nun die damalige angstvolle Situation im Wald vor Augen und bitten Dich, daß Du die emotionale Verwundung, welche durch dieses Erlebnis verursacht wurde, heilst."

Einige Jahre später, als wir in Tegucigalpa einen Predigtdienst hatten, begegnete ich dieser Ordensschwester wieder; sie erzählte mir, daß sich ihr Leben nach dieser inneren Heilung geändert habe.

Ein gesunder Mensch tritt Widrigkeiten kraftvoll entgegen und stellt sich ohne Furcht den Schwierigkeiten und Problemen des Lebens. Vor Kritik hat er keine Angst und läßt sich von dem "Was-werden-die-Leute-sagen?" nicht beeindrucken. Wer vom HERRN geheilt wurde, besitzt eine innere Stärke, die ihn befähigt, heftigen Angriffen zu widerstehen. Mit dem Psalmisten kann er laut bekennen: "Mag ein Heer mich belagern; mein Herz wird nicht verzagen. Mag Krieg gegen mich toben: Ich bleibe dennoch voll Zuversicht" (Psalm 27, 3).

Das folgende Zeugnis**zeigt uns sehr klar, wie kraftvoll die geheilte Person das neue Leben meistert:

In unserer Familie war ich von einer Atmosphäre christlicher Bräuche und Normen umgeben. Meine Studien absolvierte ich in einem ausgezeichneten Colegio, das von Klosterschwestern geleitet wurde; in dieser Zeit war ich stets eine praktizierende katholische Klosterschülerin. Zusammenfassend könnte ich sagen, daß ich über eine sehr gute, umfassende christliche Bildung verfügte, woraus aber nicht notwendigerweise folgt, daß ich auch christlich geprägt war; denn weder kannte ich den lebendigen Gott noch hatte ich jemals etwas von dem neuen Leben, das Christus in diese Welt gebracht hat, persönlich erfahren. Als ich einmal - damals war ich 15 Jahre alt - zur Beichte ging, war der Priester die auslösende

---

** Dieses Zeugnis wurde unter ausschließlicher Verantwortung des Herausgebers dieses Buches, der die Zeugnis gebende Person persönlich kennt, aufgenommen.

Ursache eines tiefen Traumas. Dies war für mich der Beweggrund, daß ich von da an niemals mehr zur Beichte ging. Wozu sollte ich bei jemandem, der schlechter als ich war, meine Sünden bekennen? Selbst am Tag meiner Eheschließung konnte ich darüber nicht hinwegkommen.

Wie jede Braut kam ich mit Wunschträumen in die Ehe; ich wollte meinem Mann alles geben und hoffte, alles von ihm zu empfangen. Mehrere Kinder stellten sich ein, aber so nach und nach, ganz allmählich, verflüchtigten sich meine Illusionen. Wir führten ein egoistisches Leben, und mir fehlte dabei das Wichtigste, was ich so dringend gebraucht hätte: die Liebe.

Die Träume von ehemals, wo waren sie geblieben? In gramvollen Alpdruck hatten sie sich verwandelt; und der Himmel voller Geigen, die himmlische Glückseligkeit, die ich in der Ehe erwartet hatte? - zu einer Hölle waren sie geworden! Das Schlimmste in der Hölle sind nicht: das angstvolle Geschrei, die Schläge, nicht einmal der Haß, sondern der totale Mangel an Liebe.

Nach sieben Ehejahren war ich liebeshungrig; hungrig nach Liebe, die ich von meinem Mann nicht bekam. Je länger, umso weiter entfernte ich mich von Gott; ich suchte IHN nicht mehr, sondern ich sehnte mich nach der Liebe jenes Menschen, der mir zu helfen versuchte. Ich dachte, auf diese Weise würde sich meine innere Leere, die immer tiefer wurde, wieder füllen. Dies war der Grund, warum ich in eheliche Untreue verfiel.

Was ich als Lösung angesehen hatte, verschlimmerte nur noch mein Eheproblem, da ich mich mit jedem Mal innerlich noch weiter von meinem Mann entfernte. Als Folge meines Verhaltens hatte ich ein erbärmliches Gefühl, aber ich konnte nicht anders. Wiederum verfiel ich in Untreue, und das war die Katastrophe.

Emotional erlitt ich ein Trauma; es ekelte mich vor mir selbst, und ich verabscheute mich. Dies ging so weit, daß ich mich sogar äußerlich vernachlässigte. Meine Person interessierte mich nicht mehr. Gleichzeitig wurden die ehelichen Auseinandersetzungen immer heftiger, und schließlich kam ich so weit, daß das Leben für mich nur noch eine wertlose Illusion war. Ich wollte mich umbringen, weil ich in einem so armseligen Leben, einem Leben ohne jede Liebe, keinen Sinn mehr fand.

Ich rechtfertigte mich jedoch, indem ich die Schuld für meine Sünde auf meinen Mann schob: Wenn er mich geliebt hätte, hätte ich nicht getan, was ich getan habe. Zuweilen freute ich mich sogar über meine Untreue, aber danach fühlte ich mich jedesmal noch verkommener.

Zwei Jahre lebte ich in Angst, indem ich mich anklagte und schuldig sprach. Ich fürchtete, daß andere Menschen eventuell davon wüßten und mein Mann es erfahren könnte. Aber was nützte es mir schon, daß sie es nicht wußten, da ich es doch wußte. Qualvolle Angst, die mich packte und nicht mehr losließ, war die Folge. Von Tag zu Tag fühlte ich mich weniger Mensch, weniger Frau.

Die wenigen Male, wenn ich zur heiligen Messe ging und zuweilen sogar kommunizierte, tat ich es, ohne daran zu denken, wovon der heilige Paulus einst warnend sprach:

"Wer unwürdig den Leib des HERRN ißt..., der ißt und trinkt sich selber zum Gericht" (vgl. 1 Kor 11,27-29).

Wie dem auch sei - ich fühlte mich anschließend bereits verurteilt, noch schlechter als vorher und ganz verbittert. In dieser Situation nahm ich an einer Freizeit der "Charismatischen Erneuerung" teil, bei der ich die Taufe im Heiligen Geist empfing. Ich dachte ursprünglich, daß der Heilige Geist nicht für die Sünder da sei; aber dann wurde mir klar, daß uns der Heilige Geist dazu ausrüstet, uns bußfertig Gott zu nähern und ihn um Vergebung zu bitten. Was mich anbelangt, ich verurteilte mich wegen meiner Sünde. Der Heilige Geist schenkte mir jedoch Bußgesinnung und die Gewißheit, daß Gott mir vergeben will.

Bei diesem Freizeittreffen schenkte mir Gott auch die Gabe der Sprachen. Das traf mich noch stärker! "Wie, mich, eine solche Sünderin liebt Gott so sehr, daß er mir sogar einen Funken seiner zärtlichen Liebe schenkt?" Soviel Liebe, das konnte ich nicht verstehen-, aber das war nur der Anfang! Etwas in meinem Herzen sagte mir, daß mir das Beste noch fehlt.

Am nächsten Sonntag ging ich zur heiligen Messe; aber obwohl ich es wollte, war es mir unmöglich, an der Kommunion teilzunehmen. Gott bewahrte mich davor, ein weiteres Sakrileg zu begehen. Daraufhin faßte ich, da ich mich von neuem an die seelische Verwundung aus meiner Jugendzeit erinnerte, den schweren Entschluß, wieder zur Beichte zu gehen. Da ich bei einer Beichte den Glauben verloren hatte, mußte ich wohl bei der Rückkehr zum Glauben wieder durch dieselbe Tür hindurch.

Am 20. Juli - es wurde an diesem Tag das Fest der Maria Magdalena gefeiert, was ich jedoch nicht wußte - kehrte ich nach fünfzehn Jahren in den Beichtstuhl zurück. Ganz furchtsam kam ich zum Priester - ähnlich jener Frau, die sich von hinten Jesus näherte, um ihm die Füße zu waschen.

Es war entsetzlich, mir von neuem in Erinnerung zu rufen, was mir so qualvolle Pein verursacht hatte. Das bedeutete, meinen Schmerz und meine Leere mit aller Intensität zurückzurufen und wieder lebendig zu machen. Als ich es jedoch tat, nahm mir der HERR die schwere Last, die ich nicht mehr tragen konnte, ab. Ich erlebte die Liebe und Vergebung Jesu in ihrer ganzen Tiefe. Der Priester war in diesem Fall nicht Emiliano Tardif, sondern Jesus selbst, der mich in Liebe aufnahm. ER stieß mich nicht zurück und verurteilte mich auch nicht. Diese liebende Berührung empfand ich wie die Liebe Jesu zu der Sünderin, die im Evangelium erwähnt wird. Der HERR hatte mir verziehen!

Ich empfing bei dieser Gelegenheit nicht nur Vergebung, sondern der HERR heilte mich auch von dem Trauma der damaligen Beichte, von meiner Untreue und dem Mangel an Liebe. Diese Beichte füllte mein Herz mit Liebe, mit der Liebe, nach der ich mich so sehr gesehnt hatte. Ich fühlte mich wieder wie ein Mensch, wiederhergestellt, erneuert. Gleichzeitig wurde dort im Beichtstuhl auch die Liebe zu meinem Mann wiedergeboren.

Ich kniete nieder und küßte die Füße des Priesters, indem ich sie mit Tränen benetzte. Ein alles umfassender, unbeschreiblicher Frieden hüllte mich ein - an diesem Nachmittag wurde ich wiedergeboren, aber diesmal mit Hoffnung, Freude und Kraft. Eine Stunde später kommunizierte ich: Aber nicht ich war es, die Jesus empfing, sondern Jesus war es, der mich empfing, mich annahm, mich liebte und die ganze Leere, das Vakuum meines Lebens, ausfüllte.

Dank dieser gesegneten Beichte bekam ich Kraft für meine Kraftlosigkeit. Mehr als je bin ich mir meiner Schwachheit bewußt; aber jetzt ist mein Herz nicht mehr leer, es muß auch nicht mehr um Almosen betteln; denn es hat die "kostbare Perle" gefunden.

Früher wollte ich sterben, da ich im Leben keinen Sinn mehr fand. Jetzt möchte ich aus Freude sterben, um den HERRN, der so gut zu mir war, von Angesicht zu Angesicht zu sehen.

Das Trauma ist geheilt, und ich bin eine neue, total neue Frau, ganz ähnlich der biblischen Maria Magdalena.

Jahre danach begegnete ich dieser Frau wieder. Als ich sie fragte, wie es ihr gehe, antwortete sie: "Sehr gut, Gott sei Dank dafür! Freilich, nicht alles war leicht; aber es ist viel schwerer, von Gott entfernt zu leben als unter seiner Herrschaft. Trotz allem, selbst wenn ich mich wiederum allein und verlassen fühlen sollte, diese betrügerische Liebe, die das Leben zerstört, würde ich nicht mehr suchen."

Die "innere Heilung" ist vergleichbar einer Operation, bei der ein Tumor herausgeschnitten wird; gleichzeitig ist sie wie ein Vitamin, das unserem Leben Kraft und Schwung gibt. Das Gespräch der Jünger Jesu auf dem Weg nach Emmaus beleuchtet mit aller Klarheit, was innere Heilung ist (Lk 24,13-35):

Eines Tages gingen zwei der Jünger nach einem Ort, der sechzig Stadien von Jerusalem entfernt ist, und Emmaus heißt. Sie sprachen über all das, was sich in letzter Zeit ereignet hatte. Während sie so hin und her redeten und ihre Gedanken austauschten, gesellte sich Jesus zu ihnen und begleitete sie; ihre Augen aber wurden gehalten, daß sie ihn nicht erkannten.

"Was sind das für Dinge, über die ihr da redet?" erkundigte er sich schließlich. Da blieben sie traurig stehen, und einer von ihnen - er hieß Kleopas - antwortete: "Bist du so fremd in Jerusalem, daß du als einziger nicht weißt, was in diesen Tagen dort geschah?"

"Was denn?" fragte Jesus.

"Nun die Geschichte mit Jesus aus Nazaret", erwiderten sie. "Er war ein Prophet, mächtig in Wort und Tat vor Gott und dem ganzen Volk. Weißt du denn nicht, daß ihn unsere Hohenpriester und Führer zum Tode verurteilten und ans Kreuz schlagen ließen? Wir dachten, daß er der Messias sei, der gekommen ist, um Israel zu befreien. Nun aber ist es schon der dritte Tag, seitdem dies alles geschah.

Einige unserer Frauen, die schon am frühen Morgen zum Grab gingen, sind uns zuvorgekommen. Als sie den Leichnam nicht fanden, kamen sie zurück und berichteten, daß ihnen Engel erschienen seien, die ihnen verkündet hätten, daß er lebe. Auch einige von uns gingen zum Grab und fanden alles so, wie es uns die Frauen gesagt hatten. Ihn aber sahen sie nicht."

Auf diesen Bericht erwiderte ihr Begleiter: "Oh, ihr Toren und trägen Herzens, begreift ihr denn nicht? Wie schwer fällt es euch, alles zu glauben, was die Propheten zuvor gesagt haben. Mußte nicht der Messias all das erleiden, um so in seine Herrlichkeit einzugehen?"

Und dann, mit Mose beginnend und die Reihe der Propheten durchgehend, erklärte er ihnen, was über Jesus in den SCHRIFTEN steht. - So erreichten sie das Dorf, wohin sie unterwegs waren. Jesus tat, als wollte er weitergehen; aber sie drängten ihn und sagten: "Bleib doch bei uns; denn es will Abend werden, der Tag hat sich schon geneigt."

Da ging er mit hinein, um bei ihnen zu bleiben. Und als er mit ihnen bei Tisch war, nahm er das Brot, sprach den Segen, brach es und gab es ihnen. Da gingen ihnen die Augen auf, und sie erkannten ihn; er aber verschwand aus ihrer Mitte.

Da sprachen sie untereinander: "Brannte uns nicht das Herz in der Brust, als er unterwegs mit uns redete und uns den Sinn der SCHRIFT erschloß?"

Noch in derselben Stunde brachen sie auf und kehrten nach Jerusalem zurück; und sie fanden dort die Elf und die anderen Jünger versammelt, welche ihnen berichteten: "Der Herr ist wahrhaftig auferstanden und ist dem Simon erschienen." Da erzählten auch sie, was sie unterwegs erlebt und wie sie ihn erkannt hatten, als er das Brot brach. Das Herz der Jünger blutete, weil Jesus zum Tod verurteilt worden war; denn ihre ganze Hoffnung und alle ihre Träume versanken mit ihm ins Grab. Der Tod Jesu am Kreuz war für sie unbegreiflich; denn erloschen war nun ihre heiße Sehnsucht nach Befreiung. Diese tiefe Enttäuschung, dieses Trauma hatte zur Folge, daß ihr Blick für die Realität verdüstert, nicht mehr ganz klar war.

"Wir dachten" - was sie jetzt nicht mehr glaubten -, "daß Jesus der Retter Israels sei ..." Jesus jedoch hatte ihnen auf dem Weg nach Emmaus die Propheten und die SCHRIFT vor Augen gestellt und ihnen gezeigt, daß alles - gemäß den SCHRIFTEN - so geschehen mußte. Auf diese Weise geschah die erste Phase der inneren Heilung auf der Grundlage des WORTES.

Das WORT GOTTES reinigt, läutert und heiligt:
"Ihr seid schon rein durch das Wort, das ich zu euch geredet habe", sagt Jesus zu seinen Jüngern (Joh 15, 3). "Weder Kraut noch Wundpflaster machte sie gesund, sondern dein Wort, Herr, das alles heilt" (Weish 16, 12).

Jesus heilt uns durch sein heilbringendes WORT. Das WORT GOTTES, welches das Licht aus tiefer Finsternis aufscheinen läßt, erleuchtet uns und gibt uns Leben.

Die Heilung der Jünger nahm ihren Anfang auf dem Weg nach Emmaus; elf lange Kilometer mißt die Strecke ihrer inneren "Behandlung"; sollte uns damit nicht gezeigt werden, daß auch wir auf unserem langen Lebensweg das heilbringende WORT des HERRN brauchen - das WORT, das gleichsam eine Lampe auf dem Weg ist?

Wir erinnern uns ferner daran: Jesus tat so, als wolle er weitergehen; die Jünger baten ihn jedoch: "Bleib doch bei uns; denn es will Abend werden." - Da ging Jesus mit ihnen ins Haus und nahm an ihrem Abendessen teil. Er nahm das Brot, segnete es, brach es und gab es ihnen. Da gingen ihnen die Augen auf.

Die heilige Eucharistie, das WORT und das BROT, öffnete ihnen die Augen für das Verständnis des Mysteriums des Leidens. Was uns heilt, ist nicht die Unterdrückung des Schmerzes, sondern das Verständnis desselben. Wenn wir uns in die Gegenwart Jesu versetzen, der an einem Kreuz hing und starb und dennoch den Tod besiegte, bekommen wir neue Hoffnung, und Wunden werden geheilt. Wir nehmen dann an der Auferstehung teil, da wir neues Leben empfangen. Die heilige Eucharistie ist ein Sakrament der Heilung - oder besser formuliert: Jesu heilbringende Gegenwart heilt körperlich, und in ganz besonderer Weise heilt sie auch die Herzen.

Als den beiden Jüngern die Augen aufgingen und sie Jesus erkannten, änderte sich ihre seelische Verfassung; auf dem Hinweg waren sie entmutigt und traurig; als sie jedoch Jesus in der Tiefe ihrer Seele angerührt hatte, verschwand alle ihre Bitterkeit.

Tausende Male waren wir Zeugen desselben Phänomens: die Gemütsverwundungen verursachten physische Störungen. Am häufigsten kommen vor: Schlaflosigkeit, Geschwüre, nervöse Erkrankungen, Paralyse, Störungen im Verdauungstrakt und manchmal sogar Blindheit. Wenn jedoch die Wurzel des Problems geheilt wird, verschwindet auch das körperliche Symptom.

Die Jünger hatten nun, nachdem sie Jesus erkannt hatten, eine neue Mentalität, gleichsam neue Augen, mit denen sie die Welt in neuem Licht sahen. Nun waren sie nicht mehr deprimiert und verzweifelt; nun jubelten sie vor Freude, denn sie hatten den auferstandenen Jesus gesehen. Sogleich erhoben sie sich vom Tisch und kehrten nach Jerusalem zurück, um den übrigen Jüngern, die sich im Obersaal eingeschlossen hatten, die "Frohe Botschaft" zu bringen.

Wer in seinem Inneren geheilt wurde, erhebt sich - es kann gar nicht anders sein - aus seiner Depression, seiner Hinfälligkeit und Schwachheit: Es wird aus ihm ein Zeuge, der die Auferstehung von Jesus Christus verkündigt.

Wer geheilt wurde, spricht nicht so viel von seiner Heilung, sondern verwandelt sich in einen bevollmächtigten Zeugen der Auferstehung Jesu; einen Zeugen, an dessen eigenem Körper die Früchte der Auferstehung Jesu sichtbar werden.

Es gibt viele Menschen, die durch Geschehnisse in der Vergangenheit seelisch verwundet wurden. Sie alle sollten von dieser tiefen Verwundung, die unter Umständen Traurigkeit und Angst zur Folge hat, geheilt werden. Ich habe Menschen kennengelernt, die in ihrem Herzen tief verbittert waren. Als Folge dieser Bitterkeit wirkten sie unsympathisch; gleichzeitig wiesen sie jeden Liebeserweis zurück. Solche Menschen sollten wir nicht ablehnen oder zurückstoßen, sondern wir sollten für sie beten, daß sie von der Wurzel ihres Übels befreit werden; sie wollen weder leiden noch anderen Leid zufügen; aber sie sind zutiefst verletzt und stecken mit ihrem Schmerz die ganze Umgebung an.

Jesus heilt die Verwundungen des Herzens, wenn wir ihn darum bitten. Im Buch des Maleachi lesen wir: *"Für euch aber, die ihr meinen Namen fürchtet, wird die Sonne der Gerechtigkeit aufgehen, und ihre Flügel bringen Heilung" (Mal 3, 20).*

JESUS ist die Sonne der Gerechtigkeit; er hat die Kraft, die Wunden, die oftmals Folgen erlittener Ungerechtigkeiten sind, zu heilen. Erkrankungen der Haut heilt man zuweilen, indem man sich von der Sonne bestrahlen läßt; ganz ähnlich heilt Jesus, wenn wir ihn darum bitten, mit den Strahlen seines LICHTES die emotionalen Verwundungen in unserem Leben.

In dem Maß, in welchem die Heilung fortschreitet, wird das Herz frei von dem Gefühl des Grolls, des Hasses und der Bitterkeit. An ihre Stelle tritt die Liebe; jene Liebe, die in Strömen aus dem Herzen Jesu quillt.

Häufig bemühen wir uns, uns selbst von diesem Groll zu befreien; aber allein, aus eigener Kraft, schaffen wir es nicht. Wir brauchen eine stärkere Kraft, eine höhere Macht, die uns heilt.

Der folgende Bericht zeigt uns, wie die innere Heilung nicht etwas Magisches ist; sie verlangt nämlich auch die Mitarbeit des Kranken, und es muß dafür ein Preis bezahlt werden, sei es Bekehrung,

Vergebung oder irgend etwas anderes, das der Fülle des Lebens im Wege steht:

Bei einem Ehepaar kam es zu ernsten Schwierigkeiten. Die Frau verließ das Haus und zog zu einem anderen Mann. Kurz darauf bereute sie ihren Fehler und wollte wieder zurück. Ihr Mann wollte sie jedoch nicht mehr aufnehmen. Auf Drängen des Ortspfarrers öffnete er ihr wohl wieder die Tür seines Hauses, aber nicht die Tür seines Herzens. Es war ihm unmöglich, ihr zu verzeihen und ihr von neuem sein Vertrauen zu schenken. Die Verbindung zwischen ihnen zerbrach; sein Herz war so tief verletzt, daß die ehelichen Beziehungen erkalteten.
Er suchte Ärzte und Spezialisten auf, die ihn mit Hormonen und Elektroschocks behandelten. Aber alles ohne jeden Erfolg.
Bei einem Gebet um innere Heilung wurde ihm eröffnet, daß die Unfähigkeit zu verzeihen, die Ursache seines Versagens sei. Er bekannte freimütig, es sei ihm unmöglich, seiner Frau den Fehltritt zu vergeben. Wir baten den HERRN daher zuallererst, ER möge ihm Selbstüberwindung und die Fähigkeit zu vergeben schenken. Schließlich - auf Grund eines Willensentschlusses - tat er es. Die Reaktion war so stark, daß er niederfiel und einige Minuten bewußtlos liegen blieb. Dann erhob er sich und ging mit einem neuen, ganz veränderten Gesicht wieder nach Hause.
Am nächsten Tag erklärte er: "Wir sind in den Flitterwochen, sogar in schöneren Flitterwochen als damals."

Dieser Mann brauchte weder Beratung noch ärztliche Behandlung; es mußte nur die Wurzel seines Problems beseitigt werden: die Unfähigkeit, seiner Frau zu vergeben. Nachdem er ihr verziehen hatte und für seine innere Heilung gebetet worden war, verschwand sein Problem.
Der HERR möchte uns ein sanftmütiges und demütiges Herz, ähnlich dem seinen, schenken; damit dies geschehen kann, müssen wir zuerst von IHM geheilt werden, so wie er die traurigen und entmutigten Jünger auf dem Weg nach Emmaus heilte.
Zur Zeit Jesu entfernte man die Aussätzigen aus der Ortsgemeinschaft, da die Gefahr bestand, daß sie die übrigen anstecken. Jesus aber, der das Leben in Fülle war und ist, berührte die Aussätzigen, ohne sich anzustecken, und er befreite sie gleichzeitig von ihrem Leiden.
Mit Recht spricht daher der Prophet unter anderem:

"Aber er hat unsere Krankheit getragen und unsere Schmerzen auf sich geladen.... Zu unserem Heil lag die Strafe auf ihm, durch seine Wunden sind wir geheilt" (Jes 53, 4 - 5).

Jesus gibt uns Leben, Gesundheit, tiefe Herzensfreude und Frieden; denn für ihn ist nichts unmöglich! Wenn du, lieber Leser, zu den Verwundeten gehörst, dann sage nicht: "Ich bin ein hoffnungsloser Fall." Es gibt keine hoffnungslosen Fälle. Es gibt nur Menschen, die verzweifeln, weil sie Jesus nicht kennen. Aber von dem Tag an, an dem du eine persönliche Begegnung mit IHM gehabt und seine Liebe entdeckt hast, wird alles anders werden.

"Wenn du glaubst, wirst du die Herrlichkeit Gottes sehen" (Joh 11, 40).

Und du wirst sie an deinem eigenen Leben erfahren; denn ER wird dir ein neues Herz geben, neue Augen und eine neue Mentalität. Vielleicht warst du verbittert, haßerfüllt, alles kritisierend, alles verfluchend und heruntersetzend. Aber in dem Maß, in dem Jesus dein Herz verändert, verwandelt er dich in einen Menschen, dessen Herz von der Liebe und Güte Seines Herzens erfüllt ist.

Viele Leute verurteilen andere mit den Worten: "Dies ist ein verkommener, perverser Mensch." - Nun aber gibt es keine perversen Menschen. Es gibt jedoch Leute, die mit übermächtigen Schwierigkeiten im Kampf liegen und mit ihnen nicht fertig werden. Jesus aber kam, um unsere Ketten zu zerbrechen und uns freizumachen. Was auf uns den Eindruck des Perversen macht, gerade davon befreit und heilt Jesus.

Als der Räuber am Kreuz bat: "Jesus, denk an mich, wenn du in dein Reich kommst", da antwortete der Heiland nicht:" Nun, du warst ein sehr böser Mensch, hast viele beraubt und gemordet. Na ja, ich werde es mir überlegen". - Er erwiderte auch nicht: "Ich werde morgen mit meinem Vater darüber sprechen. Mal sehen, wie er über diesen Fall denkt."

Jesus wurde alle Macht im Himmel, auf der Erde und in der Hölle gegeben. Deshalb konnte er dem Räuber die Zusicherung geben: "Noch heute wirst du mit mir im Paradies sein!"

So bringt auch der Heilige Geist die Früchte der Liebe in unserem Leben hervor. Es gibt Menschen, deren Gemüt und Wesen völlig verändert werden, so daß ihre Bekannten sich fragen: "Was ist denn mit diesem Mann geschehen? Früher war er so traurig, kritisch und verbittert; und nun kommt er ganz zufrieden, wie auf Wolken, daher und behauptet sogar, daß ihm der Heilige Geist neues Leben aus dem Herzen Jesu geschenkt hat."

Wir können und dürfen unseren Nächsten nicht verurteilen. Anstatt ihn zu verdammen, sollten wir für die Heilung seines Herzens beten. Wir werden dabei große Überraschungen erleben. Du wirst sehen, wie dich der HERR dazu gebrauchen wird, um das verletzte Gemüt deines Kindes, deines Mannes oder deiner Frau zu heilen.

Es folgen nun zwei weitere Beispiele von innerer Heilung:

A. Die Samariterin: Heilung vom Rassenhaß

Die Samariterin wurde von dem Haß, der zwischen Samaritern und Juden seit Vorzeiten bestand, geheilt. - Nach ihrer inneren Heilung erkannte sie Jesus als Messias, und sie machte sich gleich auf den Weg, ihren Freunden aus Samarien zu berichten: "Ich bin Jesus begegnet!" Und sie führte ihre Freunde zu Jesus, der sich daraufhin in ihre Stadt begab.

B. Petrus: Heilung der Wunde, die durch die Verleugnung entstand (vgl. Lk 22,54-62)

Die Heilung des Petrus, der am Gründonnerstag dreimal Jesus verleugnete, nimmt im Evangelium eine außergewöhnliche Stellung ein. Während Jesus vom Hohenpriester vernommen wurde, zündeten die Diener und Knechte mitten im Hof ein Feuer an und saßen dort beieinander, um sich zu wärmen; und Petrus setzte sich zu ihnen. Eine Magd sah ihn am Feuer sitzen, schaute Petrus genau an und sagte: "Der war auch mit ihm zusammen." Petrus aber leugnete es und sagte: "Frau, ich kenne ihn nicht."

Kurz danach sah ihn ein anderer und bemerkte: "Du gehörst auch zu ihnen." Petrus aber sagte: "Nein, Mensch, ich nicht!" Eine Stunde war etwa vergangen, da kam wieder einer und behauptete: "Wahrhaftig, der war auch mit ihm zusammen; er ist doch auch ein Galiläer." - Petrus leugnete wieder, und im gleichen Augenblick krähte ein Hahn.(Lk 22,60)

Jesus wandte sich um und sah Petrus an, der sich in diesem Augenblick an Jesu Worte erinnerte: "Ehe heute der Hahn kräht, wirst du mich dreimal verleugnen." - Daraufhin ging Petrus hinaus und weinte bitterlich.

Petrus war dem Blick Jesu begegnet, einem Blick voll Sanftmut und Milde, einem Blick voll Verständnis und Verzeihung, ohne jeden Vorwurf. Mit diesem liebevollen Blick beginnt die innere Heilung von Petrus.

Nach seiner Auferstehung, als Jesus den Jüngern am Ufer des Tiberischen Meeres erscheint, zündet er selbst ein Feuer an, um den Fisch für das Frühstück zuzubereiten. Dann nimmt er Petrus beiseite und fragt ihn dreimal: "Simon, Sohn des Jona, hast du mich lieb?" Und Petrus antwortet auf jede Frage: "Ja, Herr, du weißt, daß ich dich liebe."

Die Wunde, welche durch die dreimalige Verleugnung entstanden war, wurde durch das dreimalige Bekenntnis der Liebe geheilt.

So wie jedes Feuer Petrus an seine Verleugnung erinnert hätte, so wird nun das Feuer, das Jesus am Ufer des Sees anzündete, ihn immer an seine Liebe zu Jesus erinnern.

3. Jesus lebt

Fünf Jahre nach dem Erscheinen des Buches "Jesus lebt" erkenne ich, daß seine Veröffentlichung bereits im Plan Gottes bestimmt war - noch bevor ich daran dachte, es zu schreiben.

Nach einer Freizeitveranstaltung sagte ich zu der Glaubensschwester Faith Smith: "Ich bete für so viele Menschen, aber nur wenige beten für mich. Könnten Sie es vielleicht tun?" - Mit großer Freude ging sie auf meinen Vorschlag ein, legte mir die Hände auf, und nachdem sie in fremden Sprachen gebetet hatte, konnte sie ein Lächeln nicht unterdrücken; dann fragte sie mich:

– "Haben Sie schon einmal ein Buch geschrieben?"

– "Nein, nur einige Rundbriefe an meine Freunde und einige Artikel für Zeitschriften."

– "Ich bekam nämlich eine Vision, in der ich viele Menschen sah, die sich bei der Lektüre eines Buches, das Sie geschrieben haben, über seinen wunderbaren Inhalt von ganzem Herzen freuen."

Die Zeit verging, und eines Tages bat mich José Prado um die Erlaubnis, einige meiner auf Cassetten aufgenommenen Vorträge zu veröffentlichen. Ich erwiderte:

"Warum hilfst du mir denn nicht lieber beim Schreiben eines Buches? Ich möchte Gott für die zehn Jahre meines Evangelisationsdienstes danken."

Wir kamen in die Stadt La Romana, besuchten Nagua, waren in Pimentel, interviewten und befragten verschiedene Personen, und ich übergab ihm das Material, das ich während der vergangenen Jahre zusammengetragen hatte. Dann prüften wir es, und nach sechs Monaten erschien im Jahr 1984 das Buch "Jesús está Vivo". - Zu meiner großen Überraschung wurde es sofort in verschiedene Sprachen übersetzt.

Es ist ganz sonderbar, daß die Leute, die es gelesen haben, mir immer wieder dasselbe versicherten:

"Pater, die Lektüre Ihres Buches hat mich zutiefst erfreut; zuweilen mußte ich sogar über die lustigen Schilderungen von Herzen lachen. Aber vor allem hat der Inhalt des Buches meine Hoffnung und Zuversicht gestärkt."

Andere berichteten, daß sie bei der Lektüre geweint hätten, und nicht wenige sind es, die beim Lesen geheilt wurden.

Einen hübschen Kommentar erhielt ich in einem Brief vom 27. November 1984:

Lieber Pater Emiliano!
Zu allererst möchte ich mich dafür entschuldigen, daß ich mich mit einer gewissen Vertraulichkeit an Sie wende; aber es ist tatsächlich so, daß ich nach der Lektüre des Buches "Jesus lebt" das Gefühl habe, als ob das ganze Buch ein langer Brief sei, der für mich geschrieben worden ist; denn in der Tat ist die Botschaft des Buches so klar, und auch das Gefühl der Liebe für die Brüder in Christus ist so deutlich spürbar, daß man bei der Lektüre zumindest ein Gefühl der Dankbarkeit und Liebe empfinden muß; ein Gefühl der Dankbarkeit und Liebe für den Menschen, den Gott ausgesucht hat, um die Botschaft dieses Buches aufzuschreiben und weiterzugeben. Nehmen Sie meine Bewunderung, meine Hochachtung und einen herzlichen Gruß entgegen von Ihrem Bruder in Jesus Christus

Rafael Gutiérrez

Beim ökumenischen Kongreß in Kansas, an dem 45.000 Menschen teilnahmen, betete die Schwester Briege McKenna für mich und bekam eine Vision geschenkt:
"Ich sehe", sagte sie, "die Erdkugel, auf der an verschiedenen Punkten kleine Lichter angehen. Sie werden in vielen Ländern von der heilenden Liebe Jesu predigen."
Das Überraschendste dabei ist, daß ich von da an in viele Länder Latein-Amerikas, aber auch in andere Länder, wo man französisch spricht, eingeladen wurde. Nachdem ich Zeuge der "heilenden Liebe Jesu" geworden war, entzündeten sich Glaubensflammen in den Herzen zahlreicher Menschen.
Heute sind es mehr als fünfzig Länder, in denen ich Zeuge der barmherzigen Liebe unseres Gottes wurde. Mit Hilfe dieses Buches kam ich sogar indirekt an Orte beziehungsweise in Länder, die ich nicht einmal kannte.
Etwas Merkwürdiges geschah in Ungarn, wo ich niemals gepredigt habe. Ich bekam von dort folgenden Brief:

Budapest, im Februar 1988
Gegen Ende des Jahres 1987 las ich mit viel Freude die ungarische Übersetzung Ihres Buches "Jesus lebt". Mit großer Zuversicht und

Hoffnung erfüllte mich der einfache und humorvolle Bericht von den Wundern, die Gott tut. Ich schreibe Ihnen jedoch nicht deswegen, sondern wegen etwas viel Wichtigerem.

Meine rechte Hand war krank. Ich hatte eine tendonitis (Sehnenscheidenentzündung), so daß ich weder schreiben noch die häuslichen Pflichten erledigen konnte. Eines Tages mußte ich mit der Arbeit ganz aufhören, da mir alles aus der Hand fiel.

In diesem Zustand begann ich, Ihr Buch zu lesen...; ich kam zu dem Kapitel, in dem Sie von der Eucharistie sprechen, die Sie für die kranken Leser feiern. Ich las nicht das lange Gebet, sondern betete nur ein einfaches Bittgebet. Ich fühlte mich von der Kraft des HERRN eingehüllt und genötigt, meine Arme während des Gebetes in die Höhe zu halten. Plötzlich lief ein Wärmestrom durch meinen Arm, und in diesem Augenblick war der Schmerz wie weggeblasen. Meine rechte Hand war nicht nur geheilt, sondern sogar stärker als die linke. Lob und Dank sei Gott dafür!

Eszther Molnár

Das Sonderbarste an der Geschichte ist, daß wir nicht einmal davon wußten, daß das Buch auch hinter dem "Eisernen Vorhang" gedruckt und verbreitet worden war. Die Freude am Evangelisieren ist offenbar so groß, daß man uns nicht einmal um die Erlaubnis bittet, wenn man es veröffentlichen möchte. Gemäß den Worten des heiligen Paulus wiederhole ich:

"Ich werde mich freuen und glücklich sein, wenn das Evangelium verkündigt und verbreitet wird."

Die Heilung der Eszther Molnár ist mein Lohn; aber trotzdem stehe ich noch in der Schuld beim HERRN. Es gibt jedoch noch andere Zeugnisse, die ebenfalls wunderschön sind. Eines erzählte ein Zeuge persönlich mit folgenden Worten im Radio:

Mein Name ist Augusto César Victoriano Baldera. Ich bin Kadett der Dominikanischen Luftwaffe, zweiundzwanzig Jahre alt, und wohne mit meinen Eltern in der Straße Club de Leones Nr.188.

Heute kam ich hierher, um meinen Glauben zu bekennen und von dem, was mir ganz persönlich widerfuhr, Zeugnis zu geben; dadurch wird deutlich klar und offenbar, daß JESUS lebt!

Am 8. Oktober 1984 wurde ich in das Krankenhaus Ramón de Lara - es steht der Dominikanischen Luftwaffe zur Verfügung - eingewiesen.

Ich hatte starke Rückenschmerzen, mein rechtes Bein war ohne Gefühl, und der Ischias-Nerv desselben Beines zeigte bei Reizung überhaupt keine Reaktion.

Gehen konnte ich nur, wenn ich mich dabei an der Wand stützte; deshalb brauchte ich häufig einen Rollstuhl.

Die Ärzte stellten einen Bandscheibenvorfall zwischen dem vierten und fünften Wirbel fest. Nach zwei Wochen Krankenhausaufenthalt schickten sie mich nach Hause, damit meine Wirbelsäule für die Dauer von mindestens sechs Monaten in Ruhe bleibe.

Mir fiel es sehr schwer, mich mit meiner Krankheit abzufinden. Ich, der ich mit dem Kampfflugzeug geflogen und mit dem Fallschirm abgesprungen war, sollte nun unfähig sein, aus eigener Kraft zu gehen...! Der Traum meines Lebens, als Kadett der Luftwaffe meines Landes anzugehören, begann, sich zu verflüchtigen.

Als ich nach Hause kam, machte sich meine Mutter große Sorgen um mich; sie glaubte jedoch an Gott und drückte mir ein Buch mit dem Titel "Jesús está Vivo" ("Jesus lebt") in die Hand. Noch am selben Tag, um Mitternacht, nahm ich das Buch und begann darin zu lesen. Kaum hatte ich neunzehn Seiten gelesen, da hatte ich das Gefühl, daß ich beten solle. Da ich fürchtete, es könnten mich mein kleiner Bruder und mein Vetter, die im selben Zimmer schliefen, hören, begann ich, leise zu beten. Ohne daß ich wußte, wie es dazu kam, wurde aus dem stillen Gebet jedoch plötzlich lauter Lobpreis. Inzwischen betete mein Bruder im anderen Bett ebenfalls für mich, ohne daß ich es bemerkte. In diesem Augenblick verspürte ich in meinem Inneren ein Gefühl des Friedens und der Ruhe, das von einem leichten Kribbeln im ganzen Körper begleitet wurde. Daraufhin rief ich meinen Bruder: "Chalí", sagte ich, "in meinem Körper geschieht etwas. Ich kann mich nun ein wenig bewegen!"

Dann setzte ich mich auf und begann im Bett mit Beugeübungen. Als es mir klar wurde, daß der HERR sowohl einen körperlichen als auch einen geistigen Heilungsprozeß in mir begonnen hatte, rief ich wieder nach meinem Bruder: "Chalí", sagte ich, "laß uns beten und Gott danken!"

Es war ungefähr ein Uhr morgens, als mein Vetter erwachte und uns fragte, was denn los sei. "Der HERR heilt Rudy", antwortete mein Bruder mit großer Bestimmtheit. Mein Vetter hatte keinen Zweifel und brach mit einem lauten, explosionsartigen "Preis dem HERRN!" in Jubel aus.

Um drei Uhr morgens schloß sich meine Mama unserer Danksagung an; denn der HERR hatte mich in dieser Nacht geheilt.

Die Ärzte erklärten, dies sei unglaubwürdig, da meine Wiederherstellung mindestens sechs Monate dauern sollte. Es sind jedoch keine zwei Monate vergangen - und ich bin vollständig gesund und wieder in die Luftwaffe eingegliedert.

Seit meiner Heilung bin ich bereits wieder mit dem Fallschirm abgesprungen und habe inzwischen bereits fünfzehn Flugstunden im Kampfflugzeug absolviert. Ich betreibe Sport, ich laufe und kann alles tun, wozu ein gesunder Mensch fähig ist - alles aber tue ich zur Ehre Gottes.

Ich bin ein neuer Mensch, sowohl körperlich als auch geistig. Aber das Wichtigste ist nicht, daß ich wieder der Luftwaffe angehöre, sondern daß mich der HERR zu einem Zeugen für meine Kadetten-Kameraden berufen hat. Nun gehöre ich einem anderen Heer an, in dem verkündigt wird, daß Jesus tatsächlich lebt und den Seinen neues Leben schenkt.

Mit Hilfe eines Buches zu evangelisieren, ähnelt der Arbeit eines Sämanns, der den Samen des WORTES in aller Welt ausstreut - im Vertrauen darauf, daß es Gott ist, der ihn wachsen läßt. Das folgende Zeugnis zeigt, welche Folgen dies haben kann:

Santiago del Estero (Argentinien), im November 1988

Lieber Bruder und Hirte im HERRN !
Gott segne Sie, Pater Emiliano !

Ich heiße José A. C. Mirkin, bin ein Jude, beschnitten, Urenkel eines Rabbiners.

Obwohl katholisch getauft, vermißte ich "Die Kraft des Heiligen Geistes in voller Aktion" und schloß mich daher den evangelischen Christen an, bei denen ich sogar Prediger wurde. Vor kurzem brachte mich jedoch der HERR wieder "nach Hause" zurück.

Zu den Menschen, die auf mich bei meiner Rückkehr in die katholische Familie den größten Einfluß hatten, gehörten Sie mit Ihrem Buch "Jesus lebt".

Zeugnisse, die von Frieden, Sanftmut und Herzensfreude überfließen, findet man bei jenen Menschen, die ihr Leben gänzlich und mit aller

Konsequenz dem König aller Könige, dem Löwen von Juda, ausgeliefert haben. Ich lobe und preise den HERRN wegen des Werkes, das ER in Ihnen und durch Sie wirkt. Gott segne Sie!

In Jesus Christus und seiner Mutter Maria

José A. C. Mirkin

Diese besondere Art von Mission, nämlich Mission durch Bücher, bringt jedoch auch eine Teilhabe am Kreuz mit sich. Die Arbeit nimmt zu, und die Stunden des Schlafes werden weniger und auch oft gestört. Jeden Tag bekomme ich Briefe und Karten in Sprachen, die ich oft nicht einmal verstehe. Ich lege sie unter das Tabernakel und bitte Jesus, daß er sich darum kümmern möge, denn ER verstehe sie doch ganz gewiß. Häufig wecken mich, mit der Bitte um Gebet, Anrufe aus Japan oder Italien auf. Während mich diese Menschen aus ihrem Land bei Tag anrufen, ist es hier Nacht oder früher Morgen. Einmal rief man mich aus Saudi-Arabien an, und ich antwortete bloß: "Aja, aja..." Dabei kommen mir oft Gedanken wie der folgende in den Sinn: "Warum verschwenden diese Menschen soviel Geld für Fernrufe, wo sie doch JESUS in ihrem Herzen haben und sich direkt an IHN wenden können?

Es ist wirklich so, der HERR ist wunderbar! Viel größer als alles, was wir uns vorstellen oder denken können. Manchmal frage ich mich: "Wie kommt es, daß Menschen wieder Glauben finden, daß die Hoffnung wieder lebendig wird und Körper beim Lesen dieses einfachen Buches, welches von der heilbringenden Kraft Jesu Zeugnis gibt, geheilt werden?" Dann fällt mir das Wort des heiligen Paulus ein:

"Das Törichte in der Welt hat Gott erwählt, um die Weisen zuschanden zu machen" (1 Kor 1, 27).

Und wenn mir klar wird, daß es wirklich so ist, habe ich keinen Grund, mich zu rühmen; denn Sein ist das Werk, und IHM ganz allein gebührt aller Ruhm und alle Ehre.

Oft erfüllt mich die Lektüre des Evangeliums des heiligen Markus mit einer ganz besonderen Freude. Nirgendwo sonst finde ich schönere Worte, Worte voll kindlicher Einfalt und Reinheit, als auf diesen Seiten der Heiligen Schrift. Wenn es Menschen gibt, die gerne

mein Buch lesen, so möchte ich ihnen sagen: "Ich selbst schöpfe lieber aus der ursprünglichen Quelle: dem Evangelium."
Um ganz ehrlich zu sein, ich möchte etwas bekennen, was gewagt erscheinen könnte: Gleichsam als Gerüst haben wir beim Aufbau unseres Buches das Evangelium des heiligen Markus als Muster und Vorbild genommen. Als ich dies einmal freimütig bekannte, machte man mir den Vorwurf: "Welche Anmaßung! Etwas schreiben zu wollen, was dem Evangelium ähnlich ist!" - Ich jedoch würde mich noch mehr davor fürchten, ein Buch schreiben zu wollen, das dem Evangelium nicht ähnlich ist.
Hier folgt nun ein weiteres Zeugnis, das über Heilungen hinausgeht, da hier von Aktivität und hingebungsvollem Einsatz berichtet wird.

Santiago de Chile, im September 1986
Pater Emiliano!
Zu allererst möchte ich dafür danken, daß Gott unser Land besucht hat, denn ER hat viele Menschen im Glauben gestärkt. Jede Veranstaltung, an der Sie mitwirkten, verließen wir als "neue Menschen", im Glauben, daß Jesus in unseren Herzen lebt.
Was mich dazu veranlaßte, Ihnen zu schreiben, ist folgendes:
Ich arbeite in einem Betrieb, der annähernd 800 Arbeiter und Angestellte beschäftigt. Wir wollten Botschafter Christi sein, wußten jedoch nicht, auf welche Weise wir sein WORT weitertragen sollten, und das beunruhigte uns. Wir wollten evangelisieren, aber da uns niemals gezeigt worden war, wie man das macht, gab es viele Probleme, und alle unsere Projekte scheiterten.
Aber da Gott groß und mächtig ist und unsere Beschränkungen immer zu überwinden weiß, bediente er sich eines einfachen Hilfsmittels:
Jeder der beiden Herren, Dr. Iván Franjic und Luis Silva, schenkte mir das Buch "Jesús está Vivo" ("Jesus lebt"). Ich las es dreimal, wobei ich erfuhr, welche Wunder der HERR auch heute noch tut.
Das war die Initialzündung für die Evangelisationsarbeit in meiner Abteilung, in der an die neunzig Personen tätig sind. Jedesmal, wenn jemand erkrankt, bringen wir ihm das Buch und beten für den Kranken. Diese Arbeit des "guten Willens" nahm im Lauf der Zeit - ohne daß wir davon viel Aufhebens machten - solche Ausmaße an, daß wir uns schließlich genötigt sahen, das Heim "Pastoral del Enfermo Santa María" einzurichten.

Nun kennen bereits alle Beschäftigten des Unternehmens Ihr Buch und erklären, daß es das schönste Buch sei, das sie je in Händen hatten. Das Beeindruckendste ist vielleicht nicht so sehr die Tatsache, daß alle Kranken gesund wurden, sondern daß das Buch zur Bekehrung des größten Teiles der Belegschaft beigetragen hat.
Es freute mich ganz besonders, daß ich bei dem Freizeittreffen in Catalina Lobouret so viele Menschen, die mit mir den Arbeitsplatz teilen, traf und daß meine Arbeitskollegen nun mit mir zusammen Loblieder sangen und den HERRN priesen. Gott sei Dank dafür, daß bereits die Früchte der Arbeit für den HERRN sichtbar werden.

Zahlenmäßig, und was den Einsatz der Mitglieder anbelangt, wächst unsere Gruppe von Tag zu Tag. In unseren Gebetsversammlungen beten wir für Sie und Ihre Gemeinschaft, daß der HERR Sie alle weiterhin mit Gnaden und Segnungen überschütten möge und das Licht des HERRN Sie allezeit geleite und begleite, damit Sie die Botschaft Christi überallhin, bis in die entferntesten und verstecktesten Winkel der Erde, tragen können.
Für sein wunderbares Wirken bin ich unserem HERRN Jesus Christus ewig zu Dank verpflichtet! - Amen !

Patricio Ordónez González

Am 14. April 1983 schrieb Doktor Marimo Ariza den Artikel "Consideraciones" (Betrachtungen) in der Zeitung EL LISTIN. Darin heißt es:

Die Lektüre des rührend schönen Buches "Jesus lebt", das eher ein Zeugnis als ein Buch ist, hat uns sehr erfreut und großes Vergnügen bereitet. Dieses Buch ist ein Aufschrei, der all denen Hoffnung bringt, die den Mut haben zu glauben, daß Jesus, der am Kreuz für uns starb, von den Toten auferstanden ist und lebt - und daß deshalb alles möglich ist.

Dieses Zeugnis, geschrieben mit dem Herzblut eines außergewöhnlichen Zeugen Jesu, sollte von allen Menschen gelesen werden; denn es würde, da ein vollmächtiger Zeuge dahinter steht, große Hoffnung in unserer Seele erwecken:
Weitermachen, Pater Tardif, selbst wenn ab und zu ein "Karwochen-Erlebnis" Ihren Weg blockieren sollte!

Am 13. Juli 1985 erschien in der Zeitschrift "Biblioteca" - sie erscheint in der Dominikanischen Republik - ein Bericht über das Buch "Jesús está Vivo" ("Jesus lebt").

Der Autor betont, daß es nicht so sehr auf die Anzahl der verkauften Bücher ankomme; wichtiger sei der Grund, warum die Leute die Bücher lesen:

Die Katholiken, im Unterschied zu den Evangelischen oder Mitgliedern anderer christlicher Denominationen, sind im allgemeinen nicht geneigt, etwas Religiöses zu kaufen - außer vielleicht billige gedruckte Bildchen, Skapuliere oder Gegenstände von zweifelhaftem religiösen Wert.

Was ist also der Grund, warum das Buch "Jesus lebt" wie "warme Semmeln" weggeht und in Gesprächen, Versammlungen und Gebetsgruppen immer wieder als Thema gewählt beziehungsweise in den Mittelpunkt gestellt wird?

Was ist denn geschehen? Was ist der Grund dafür?

In einer Welt, beunruhigt durch Trostlosigkeit, Frustrationen und Ängste jeder Art, in einer von Haß, Lüge und falschen Propheten leergebrannten Gesellschaft, in welcher der Atem von Heuchelei und Bosheit weht - und zu guter Letzt, in einer Welt, die einfach krank ist und sich nach Frieden sehnt, gibt Pater Tardif Zeugnis davon, daß GOTT die einzig wirkliche und wirksame Lösung der menschlichen Probleme ist - und damit der einzig gangbare Weg für physische und geistige Heilung.

Es ist die Geschichte dieses Glaubens und der Begegnung des Paters Tardif mit Jesus Christus, die in diesem Buch erzählt wird.

Einige Menschen lesen das Buch aus Neugierde; andere, weil sie es für nötig halten, ihre Hoffnung und ihren Glauben aufzufrischen und zu beleben; alle jedoch erkennen, daß GOTT in unser Leben handelnd eingreift.

Abschließende Bemerkung

Ist es das Buch, welches heilt? - Genausogut könnte man fragen: Heilten die Schweißtücher des Apostels Paulus? Heilte der Schatten des Petrus? - Auf keinen Fall!

JESUS, der auferstanden ist und lebt, ist der einzige, der lebendig machen kann. Die Heilung einem Gegenstand, einem Ort, einer

Formel oder gar einer Person beizumessen, grenzt an Heidentum. Dieses Buch ist nur der Finger, der darauf hinweist, daß Jesus auch heute lebt und daß wir unseren Blick allein und ausschließlich auf IHN richten sollen; auf keinen Menschen, auch auf kein Hilfsmittel, das ER benutzt, um Seine Heilung und Rettung zu vermitteln.

4. Fragen in Interviews

Wir haben im folgenden aus verschiedenen Interviews und Begegnungen, die an verschiedenen Orten und in verschiedenen Ländern der Welt stattgefunden haben, die interessantesten Fragen mit den Antworten des Paters Tardif zusammengestellt:

– Worin besteht eigentlich die Gabe der Heilung?

Die Gabe der Heilung ist genauso wie die anderen Charismen eine Offenbarung des Heiligen Geistes.
Der Apostel Paulus sagt: "In einem jeden offenbart sich der Geist zum Nutzen aller; dem einen wird durch den Geist gegeben, von der Weisheit zu reden; dem anderen wird gegeben, von der Erkenntnis zu reden, nach demselben Geist; einem anderen Glaube, in demselben Geist; einem andern die Gabe, gesund zu machen, in dem einen Geist; einem andern die Kraft, Wunder zu tun; einem andern prophetische Rede; einem andern die Gabe, die Geister zu unterscheiden; einem andern mancherlei Zungenrede; einem andern die Gabe, sie auszulegen" (1 Kor 12, 8 - 11).

– Man sagt aber, Pater, daß diese außergewöhnlichen Charismen nur für die erste Zeit, den Anfang der Kirche, da waren ... und jetzt nicht mehr nötig sind.

Wer hat das gesagt? War denn auch der Glaube, den der Apostel Paulus in seiner Aufzählung anführt, nur für den Anfang, die ersten Lebensjahre der Kirche notwendig?
Das zweite Vatikanische Konzil spricht von diesen außergewöhnlichen Gaben, die ein Teil des Lebens der Kirche von heute sind.
(vgl. Lumen Gentium 4 und 12)
In diesem Zusammenhang sagt Kardinal Ratzinger in dem Buch "Zur Lage des Glaubens" (Verlag "Neue Stadt"):
"Im Herzen einer vom rationalistischen Skeptizismus ausgetrockneten Welt ist eine neue Erfahrung des Heiligen Geistes entstanden, die das Ausmaß einer Erneuerungsbewegung auf Weltebene angenommen hat. Was das Neue Testament in bezug auf die Charismen als die sichtbaren Zeichen für das Kommen des

Geistes schreibt, ist nicht mehr nur alte, endgültig vergangene Geschichte: Diese Geschichte wird heute erregende Aktualität" (S. 159).

– *Warum haben die Charismen in der heutigen katholischen Kirche noch kein Bürgerrecht, während ihre Existenz in vielen evangelischen Kirchen als ganz normal angesehen wird?*

Ich muß hier verschiedene Aspekte anführen:

A. Der Grund scheint meiner Meinung nach darin zu liegen, daß unsere Kirche zuviel Katechese und zu wenig Evangelisation betreibt.

Die Zeichen begleiten die Verkündigung des "lebendigen Jesus"; sie begleiten jedoch nicht in demselben Ausmaß die Verbreitung der Glaubensdoktrin und der Glaubenswahrheiten.

An dem Tag, an dem Jesus ganz klar und mit Nachdruck wieder als Retter und HERR verkündigt werden wird, werden wir Wunder im Himmel und Zeichen auf der Erde sehen. Für mich besteht das Problem nicht darin, daß die Charismen fehlen; es ist vielmehr nur eine Folgeerscheinung, daß sie nicht in Erscheinung treten.

Die tiefste Ursache liegt darin, daß wir aufgehört haben, die Nachricht von dem Kreuzestod Jesu Christi, der Erlösung bringt, und die Nachricht von der glorreichen Auferstehung unseres HERRN Jesus Christus, laut zu verkünden.

B. Davon abgesehen, haben wir der Versuchung des Pelagianismus nachgegeben: nur menschliche Hilfsmittel zu benutzen und ausschließlich mit natürlichen Mitteln bei der Verwirklichung des Werkes Gottes zu rechnen.

Wenn wir die vorhandene Situation prüfen, vergessen wir häufig die Macht desjenigen, der Jesus von den Toten auferweckt hat, in unsere Rechnung einzubeziehen. Die Aufgabe der Kirche ist unerfüllbar, da sie die menschlichen Kräfte übersteigt. Wie soll dieser Auftrag ohne die Kraft des Heiligen Geistes ausgeführt werden?

Weder die Wissenschaft noch die Technik können die Macht und das Wirken des Heiligen Geistes ersetzen. Vergessen wir nicht:

"Wenn nicht der HERR das Haus baut, müht sich jeder umsonst, der daran baut" (Ps 127,1).

C. Die Ablehnung der Charismen könnte auch eine Reaktion auf Übertreibungen sein, die ab und zu in manchen Gruppen vorkommen. Auch ich bin gegen Auswüchse, aber das Vorhandensein von Unkraut berechtigt uns auf keinen Fall, auch den Weizen auszureißen.

D. Es handelt sich um das Wiedererscheinen eines Phänomens, dessen praktische Ausübung verlorenging. Jetzt, da solche charismatischen Erscheinungen wieder auftreten, ist man in Verlegenheit: Was soll man mit ihnen anfangen? Wie soll man sie handhaben? Aber in Kürze werden diese Phänomene normal, ganz normal sein. Ich denke, daß ein Tag ohne Heilungen bald abnormal sein wird und daß die Leute erschrecken werden, wenn sich bei einem bestimmten Anlaß die Kraft Gottes nicht manifestieren sollte.

E. Zu guter Letzt möchte ich erwähnen, daß es viele Bischöfe gibt, die für diese charismatischen Vorkommnisse aufgeschlossen sind.

Ich möchte hier nur drei Fälle anführen:
Anläßlich der Fünfzehnjahrfeier der Erneuerungsbewegung in seiner Erzdiözese schrieb der Erzbischof von Acapulco, Monsignore Rafael Bello, einen außerordentlich erfreulichen und ermutigenden Hirtenbrief. Der Unterschied zu anderen bischöflichen Schreiben besteht darin, daß man gewöhnlich von der Erneuerungsbewegung und ihrem Wert spricht, während der Erzbischof in seinem Schreiben von der FRUCHT, die ihm persönlich daraus erwuchs, berichtet. In Zeile vierundfünfzig heißt es:

Es gibt sehr viele Evangelisten, die stets unter dem Impuls des Heiligen Geistes tätig sind. Unter den vielen möchte ich gerne den Pater Tardif herausgreifen, weil man ihn weltweit kennt und er häufig zum Evangelisieren nach Mexiko kam - im Jahr 1984 leitete er zum Beispiel in Acapulco eine Freizeit-Veranstaltung für Priester. Schließlich möchte ich ihn aber auch deshalb erwähnen, weil er zu meinen Freunden zählt.

Das Leitmotiv seiner Predigt, seiner persönlichen Briefe oder Rundschreiben wie auch seiner Gespräche ist: Wie leicht ist es, mit der Kraft des Heiligen Geistes zu evangelisieren! In allen Ländern hat man ihn von den Wundern, die der HERR getan hat, sprechen hören, und alle, die es hörten, waren voller Staunen und Bewunderung.

Sein außergewöhnliches Charisma der Heilung zieht Tausende und Abertausende Zuhörer an; er ergreift dann die gnadenreiche Gelegenheit, um unermüdlich zu evangelisieren. Er denkt wie der Apostel Paulus: "Weh mir, wenn ich das Evangelium nicht verkünde" (1 Kor 9, 16).

Ich empfehle den Gebetsgruppen das Buch "Jesus lebt" wärmstens zum Studium. Pater Tardif überzeugt uns davon, daß die Erneuerungsbewegung eine evangelistische Kraft ist, welche ihre Mitglieder dazu führt, sich sowohl der Kraft als auch den Gaben und Charismen des Heiligen Geistes zu öffnen.

Kardinal Renard bekannte Pater Tardif gegenüber, daß die Erneuerungsbewegung den Priestern und Bischöfen dazu verhilft zu erkennen, daß der Unglaube und der Rationalismus die größten Hindernisse für ein fruchtbares Apostolat sind. Dann fügte der Kardinal noch hinzu:

"Wir legen dem Heiligen Geist Geleise, damit er sich auf ihnen bewege; er aber fliegt daneben. Der Heilige Geist richtet sich nicht nach unseren pastoralen Programmen."

Es ist ganz klar, wir brauchen eine pastorale Methodologie; aber jede Methodologie muß für den Heiligen Geist durchlässig sein, damit sich der Geist Gottes ihrer bedienen und sie unter Umständen sogar ändern kann.

Die Kirche ist ein andauerndes Pfingsten und nicht eine andauernde Rationalisierung.

Kardinal Ratzinger führt in dem oben genannten Buch aus (S. 41):

"Was in der Breite der Gesamtkirche - gerade auch inmitten der Krise der Kirche in der westlichen Welt - hoffnungsvoll stimmt, ist das Aufbrechen neuer Bewegungen, die niemand geplant und niemand gerufen hat, sondern die einfach aus der inneren Vitalität des Glaubens selbst kommen. In ihnen zeichnet sich - sehr leise wohl - doch so etwas wie eine pfingstliche Stunde in der Kirche ab. Ich denke etwa an die Charismatische Bewegung, an Neukatechumenat, Cursillo, Fokolare, Comunione e Liberazione usw..."

Abschließend möchte ich noch sagen:
Die letzten Päpste haben einmalig schöne Aussagen über die Erneuerungsbewegung gemacht. Die schönste war wohl die des Papstes Paul VI. Als er von der Erneuerungsbewegung sprach, bezeichnete er sie als eine Chance für die Kirche und die Welt. - (19. Mai 1975).

– Sie sprachen von Übertreibungen in bezug auf die Charismen. An welche denken Sie?

Probleme und Mißdeutungen entstehen hauptsächlich dann, wenn wir Stellen ohne Rücksicht auf den Zusammenhang herausgreifen und zu interpretieren versuchen:
Im Evangelium des heiligen Markus heißt es, daß die Kranken geheilt werden, wenn ihnen die Hände aufgelegt werden. Zwei Verse vorher lesen wir:
"Geht hinaus in die ganze Welt und verkündigt das Evangelium allen Geschöpfen ..." (vgl. Mk 16, 15-18).
Das heißt, die mächtigen Zeichen begleiten die Verkündigung des Evangeliums. Sie geschehen jedoch nicht getrennt davon, sondern sie geschehen dann, wenn wir die Erlösung und Rettung durch Jesus Christus verkündigen.
Gemäß der letzten Verse im Evangelium des heiligen Matthäus gibt Jesus den Jüngern den Auftrag: "... macht alle Menschen zu meinen Jüngern; tauft sie auf den Namen des Vaters und des Sohnes und des Heiligen Geistes ..." (vgl. Mt 28, 20). Das heißt, der Heilung soll das sakramentale Leben folgen.
Es handelt sich hier also gleichsam um eine Kette, die aus drei Gliedern besteht: WORT - Heilung - Sakrament
Andernfalls, wenn dem nicht so ist, gehen Gnade und Kraft verloren.
Am Anfang meiner Missionstätigkeit besuchte mich in Kanada ein Priester, der den Wunsch hatte, daß ich an seinem Kongreß teilnehme. Naiv, wie ich war, sagte ich zu. Während des Kongresses leitete jedoch er das Gebet, den Gesang und alle Gespräche. Er feierte die Eucharistie, hielt die Predigt und gab sogar die Verlautbarungen bekannt. Als der Tag zu Ende ging, bat er mich dann, für die Kranken zu beten.

Was ich an diesem Tag bei diesem Kongreß lernte, war, nicht für die Kranken zu beten, wenn ich keine Gelegenheit bekomme, den Sieg JESU am Kreuz und den Triumph seiner Auferstehung zu verkündigen.

– Wie wurde es Ihnen bewußt, daß Sie die Gabe der Heilung haben?

Nachdem ich in zahlreichen Gebetsgruppen für Kranke gebetet hatte, bat mich am 18. November 1973 ein Kranker, der an Arthritis und Arthrose litt, daß ich für ihn bete. Nach dem Gebet begann er, ohne Stock zu gehen. Er war vollkommen geheilt.

Später stellte ich fest, daß Jesus häufig und immer mehr Kranke auf Gebet hin heilte. Auf diese Weise begann für mich ein Leben voller Überraschungen; niemals hätte ich mir vorstellen können, wohin und wieweit es mich noch führen würde.

Ich glaube, was mich anbelangt, daß Evangelisieren die mir von Gott gestellte Aufgabe ist, mein Dienst im Weinberg des HERRN. - Wenn wir den lebendigen Jesus verkündigen, wenn wir das Kerygma (Glaubenslehre) proklamieren, d a n n geschehen die genannten Zeichen.

– Kann man eine Geistesgabe erlernen? Gibt es dafür eine Technik?

Ich möchte nicht behaupten, daß man eine solche Gabe erlernen kann, sondern daß die Gabe im Laufe der Zeit wächst. Je mehr man sie für den Dienst an den Kranken einsetzt, umso mehr entwickelt sie sich. Das Charisma ist eine umsonst von Gott geschenkte Gabe, die sich nicht entwickelt, wenn man sie nicht einsetzt. Wenn man sie jedoch für den Dienst am Kranken erbittet, wächst sie und tritt häufiger in Erscheinung. Ich bin heute Zeuge von mehr Heilungen als unter den gleichen Umständen vor fünf Jahren. Die Erfahrung lehrt, daß der Gebrauch der Charismen unseren Glauben stärkt. Je mehr Heilungen wir miterleben, umso stärker wächst unser Vertrauen, daß auch andere Krankheiten und eine größere Anzahl von Kranken geheilt wird.

– Welches ist das größte Hindernis für den Empfang von Geistesgaben?

Ich glaube, daß es die Furcht ist, seinen Ruf zu verlieren. Die Charismen sind ein Kreuz; aber viele sind nicht willig, dieses Kreuz zu tragen. Die Ausübung einiger Charismen bewirkt nämlich, daß uns viele Menschen für verrückt ansehen, während andere sich über uns lustig machen; und nicht wenige sind es, die uns verachten oder sogar verfolgen. Solange wir nicht bereit sind, uns selbst abzusterben - sei es selbst auf Kosten unserer Privilegien oder unseres Ruhmes -, werden wir die Charismen nicht erhalten. Ich erinnere mich sehr gut an einen Pfarrer aus der Nachbarschaft, der sich über die Charismatiker lustig machte. In seinen Sonntagspredigten behauptete er, daß nur ein Mangel an Vitaminen die Ursache dafür sei, daß manche Menschen in "fremden Sprachen" reden ... (1 Kor 12, 10).

Ich möchte eine Anekdote erwähnen, die ich bei dem "Primer Retiro Mundial para Sacerdotes" (Erstes weltweites Freizeittreffen für Priester) erzählte.

Diesem Treffen, das von der Charismatischen Erneuerungsbewegung im Oktober 1984 in Rom veranstaltet worden war, wohnten an die 6.500 Priester, mehr als 80 Bischöfe und verschiedene Kardinäle bei. "Viele Priester", sagte ich, "würden über sehr schöne Charismen verfügen, wenn sie nicht soviel Angst hätten und nicht so besorgt wären, ihr Ansehen und ihren guten Ruf zu verlieren. Die Menschenfurcht und die Furcht vor dem "Was - werden - die - anderen - sagen?" sind für das Wirken des Heiligen Geistes eine Sperre.

Damit der GEIST GOTTES uns aber durchströmen kann, müssen wir uns selbst absterben."

Anschließend erzählte ich ein Erlebnis:

Gelegentlich eines Freizeittreffens waren wir alle erfüllt mit Freude am HERRN. Der Verlauf des Treffens war fröhlich und vergnügt, gleichzeitig auch voll des Friedens, der vom HERRN kommt. Für den Abschluß des Treffens war eine Eucharistie-Feier, die der Bischof der Diözese zelebrieren sollte, vorgesehen.

Diesem Bischof gefielen jedoch die spontanen Ausbrüche der Freude und Begeisterung nicht besonders; auch fand er wenig Gefallen an fröhlichen Liedern und ebensowenig an Geistesgaben. Er hatte sogar Beifallskundgebungen und das Hochheben der Hände verboten. Verschiedentlich hatte er sogar sehr scharf gegen solche Vorkommnisse Stellung genommen, weshalb die Leute etwas Furcht vor ihm hatten.

Als er erschien, schwiegen die Gitarren, der Lobpreis erstarb, und die erhobenen Hände sanken herab. Alles verlief nun in einer förmlichen und ernsten Tonart.

Während er sich anschickte, die Eucharistie-Feier zu beginnen, gerade in diesem Augenblick, versagte das Lautsprechersystem. Die Anwesenden wurden ein wenig nervös. Der Meßdiener untersuchte die Zuleitungen, ein anderer schaltete das Mikrophon ein und wieder aus, während ein weiterer "Experte" festzustellen versuchte, was mit dem Lautsprecher los sei.

Die zahlreichen Menschen, welche die große Kirche bis auf den letzten Platz füllten, warteten ungeduldig und gespannt auf den Beginn der Eucharistie-Feier. Um ihre Nerven ein wenig zu beruhigen, sagte der Bischof, während er die Hände in Kopfhöhe erhob, mit lauter Stimme:

"Mir scheint, wir haben ein kleines Problem mit den Mikrophonen."

"Y con tu espíritu" (Und mit deinem Geist) antwortete die Menge. Die Anwesenden dachten, die Eucharistie-Feier hätte bereits begonnen, und antworteten mit dieser ihnen wohlbekannten Wendung.

Es gibt viele Menschen, die mit ihren "Mikrophonen" Probleme haben. Sie geben dem GEIST keinen Spielraum, in welchem er sich frei bewegen könnte. Sie wollen ihn in vorgegebene Formen pressen und lassen ihn nicht frei wehen - so frei, wie der Wind weht, der weht, wie er will. Der Grund, warum viele Menschen mit ihren "Mikrophonen" Schwierigkeiten haben, besteht darin, daß sie mit ihrer großen Vorsicht allzusehr darauf bedacht sind, was wohl die anderen denken werden?

Wenn wir weniger auf unser Ansehen bedacht wären, wären wir für den Heiligen Geist aufgeschlossener. Die Furcht, uns lächerlich zu machen, hindert uns daran, uns für die Charismen des GEISTES zu öffnen. Die Charismen sind demütigend, darüber gibt es keinen Zweifel, denn sie bringen uns zum Kreuz.

Aus diesem Grund haben viele davor Angst, andere lehnen sie ab. Für die Stunden des Ausruhens gibt es dann keinen festen Zeitplan mehr, und die Stunden für den Schlaf werden kürzer.

Außerdem ist es nicht so, daß unser Ansehen wächst, sondern der Mensch wird zur Zielscheibe des Spottes und der sarkastischen Kritik ... Aber im Grunde kann man das alles ertragen, jederzeit, sofern man keine Probleme mit den "Mikrophonen" hat.

– Ist eine solche Geistesgabe nicht gefährlich ?

Ein Charisma ist eine GABE, das heißt, ein umsonst gegebenes Geschenk Gottes. Die Heilung ist ausschließlich ein Werk Gottes, wobei sich Gott menschlicher Werkzeuge bedient. Diese Gabe wird zum Nutzen der Gemeinschaft gegeben und nicht zum Nutzen der Person, welche die Gabe besitzt.

Es wäre sehr gefährlich, wenn jemand den Ruhm Gottes für sich selbst in Anspruch nähme; denn er könnte sogar trotz der Gabe der Heilung verdammt werden:

"Viele werden an jenem Tag zu mir sagen: Herr, Herr, sind wir nicht in deinem Namen als Propheten aufgetreten, und haben wir nicht mit deinem Namen Dämonen ausgetrieben und mit deinem Namen viele Wunder vollbracht? Dann werde ich ihnen antworten: Ich kenne euch nicht. Weg von mir, ihr Übertreter des Gesetzes!" (Mt 7, 22 - 23).

Wenn wir das Charisma dazu verwenden, der Gemeinschaft zu dienen, dann ist es eine wertvolle Gabe; wenn wir uns als einfache Werkzeuge erkennen, erbaut es uns.

Der größte Nutzen, den - nach meinem Ermessen - das Charisma hat, besteht darin, daß es den Glauben der Gemeinschaft stärkt, die Schlafenden aufweckt und der Evangelisation neue Kraft gibt, indem es uns allen die Augen dafür öffnet, daß der "lebendige Jesus" mitten unter uns weilt.

– Pater Emiliano, der heilige Apostel Paulus sagt, daß das Wichtigste die Liebe sei.
Warum mißt man den Charismen so große Bedeutung bei ?

Ich messe sie ihnen nicht bei. Jesus hat es getan (Mt 4, 23). Nach den Worten des Apostels Paulus erkennt man den wahren Apostel an den Zeichen, die ihm folgen (2 Kor 12, 12). Ich persönlich würde eher fragen: "Warum schätzen einige das, was für Jesus große Bedeutung hatte, gering ?"

Leider machen w i r aus Teilen, die sich ergänzen, oft einen Gegensatz. Liebe im abstrakten Sinn, das heißt ohne ein Gegenüber, gibt es nicht. Der Vollzug irgendeines beliebigen Charismas ist ein Dienst an der Gemeinschaft - und deshalb Liebe.

– Von Pater Tardif spricht man fast immer wie von einem isolierten "Stern". Arbeiten Sie allein ?

Abgesehen davon, daß ich ein Missionar des "Sagrado Corazón" (des Heiligen Herzens) bin, habe ich meine Kommunität. Sie führt den Namen "Diener des lebendigen Christus", und ihr gehören im Augenblick 87 Mitglieder an. Jeder evangelistische Dienst, und ganz besonders unserer, ist sehr gefährlich, wenn man ihn allein ausübt. Meine Brüder aus der Gemeinschaft lieben und korrigieren mich. Ich lerne viel von ihnen.

– Ob sie mich bewundern? – Keine Spur! Ich bin einfach ihr Bruder, mit dem sie sich verabredet und zusammengetan haben, um heilig zu werden.

Mich freut es ganz besonders, wenn ich in Freizeittreffen die Möglichkeit habe, gemeinsam mit Personen, die andere Gesichtspunkte in die Evangelisation einbringen, zu predigen; dies können unter Umständen auch Ehepaare sein. Sie können Themen, welche die Familie betreffen, oft viel umfassender als ich behandeln. Im Augenblick arbeite ich mit einer Gruppe von Laien zusammen. Unsere Kommunität entstand im Jahr 1981 - 1982. Mit Hilfe zahlreicher Wohltäter konnten wir ein Haus, das heute das Ausbildungszentrum für Evangelisten ist, in der Hauptstadt der Dominikanischen Republik erwerben. Das Haus wurde am 19. März 1984 eröffnet, und am 25. März begann der Dienst der Anbetung des Allerheiligsten Altarsakramentes. Später kam uns der Gedanke, das Haus "Casa de la Anunciación" ("Haus der Verkündigung") zu nennen. Jeden Tag wird das Allerheiligste von acht Uhr morgens bis acht Uhr abends zur Anbetung ausgesetzt.

Obwohl sich die Kommunität mit vielerlei Aufgaben und Diensten beschäftigt, ist dennoch die Anbetung der wichtigste Dienst. Jeden Nachmittag ist im Haus ein Priester anwesend, um Personen, die geistige Leitung suchen, zur Seite zu stehen. Außerdem feiern wir die heilige Eucharistie. Das Haus ist in erster Linie ein Ausbildungszentrum für Evangelisten, unter besonderer Berücksichtigung der Kontemplation JESU in der heiligen Eucharistie.

In und außerhalb der Stadt evangelisieren Mitglieder des "Hauses der Verkündigung" nicht nur über Radio und Fernsehen, sondern auch in charismatischen Freizeittreffen.

Jeder lebt zu Hause, aber einmal in der Woche treffen wir uns, um gemeinsam zu beten, Gedanken auszutauschen und unsere, Apostolatsdienst zu planen. Wir haben jährlich zwei Freizeittreffen, um unserem geistlichen Leben neue Kraft und Stärke zu geben. Die

Mitglieder der Kommunität sind Laien ohne Gelübde, aber mit gewissen grundlegenden Verpflichtungen.

– Sind Sie in Ihrer evangelistischen Kommunität der einzige, der die Gabe der Heilung hat ?

Einige Mitglieder haben das Charisma für physische, andere für innere Heilung. Von den 87 Mitgliedern haben elf das Charisma "WORT DER ERKENNTNIS", einige das Charisma der "PROPHETIE" oder der "BEFREIUNG" als Gabe bekommen.

Ich möchte etwas berichten, was einem Katecheten unserer Kommunität widerfuhr:

Es kam ein Mann auf Krücken zu uns, der nur mühselig gehen konnte und sich nach dem Pater Tardif erkundigte; er hatte den Wunsch, daß dieser für seine Heilung bete. Der Katechet, der ihn empfing, teilte ihm mit, daß Pater Tardif nicht im Hause sei, was den Kranken zutiefst betrübte. Der Katechet erklärte ihm jedoch: "Schau, Gold und Silber hab ich nicht, was ich aber habe, gebe ich dir. Geh in die Kapelle, wo JESUS in der Eucharistie ausgesetzt ist. ER wird dich heilen."

Der Kranke ging, und nachdem er ungefähr fünfzehn Minuten gebetet hatte, kam er ohne Krücken heraus.

– Viele Menschen glauben, daß Pater Tardif ein Heiliger sei. Was halten Sie davon ?

Über das alles lache ich nur. Manchmal, wenn ich allein bin und am Abend zu Bett gehe, spreche ich zu mir: "Wenn die Leute wüßten, wer ich bin, würden sie sich meinetwegen nicht so erregen. Ich bin immer noch ein Dorfpriester auf einer winzig kleinen Insel im Karibischen Meer."

Niemals komme ich auf den Gedanken, daß ich mehr als ein Esel bin, der Jesus trägt. Ich weiß sehr wohl, daß die Menge den HERRN, den ich zu ihnen trage, willkommen heißt, wenn sie mich mit Anerkennung überhäuft und Mäntel auf den Boden ausbreitet.

Nachdem ich IHN hingebracht habe, führt man mich wieder in meinen Stall. Und bei meiner Rückkehr gibt es weder Blumenteppiche noch Anerkennung. Ich ziehe mich in die Tiefe meines Herzens zurück und spreche: "HERR, wie groß bist DU !"

So bewahrt mich der Gedanke an die Rückkehr des "Esels" in seinen Stall in der Demut.

Wenn ich mich dann niederknie und aus den Psalmen die Wunder Gottes rezitiere, kommt mir der Gedanke: "Wenn die Menschen eine bessere Kenntnis von Gott hätten, würden sie weniger auf mich schauen."

Meine Kommunität weiß, daß ich nicht heilig bin, aber daß ich eine ganz große Sehnsucht danach habe; denn heilig zu sein, ist doch die Berufung aller Getauften! Irrtümlicherweise denken wir, daß ein Heiliger jemand sei, dessen Bild man auf den Altar hängt oder der Wunder tut. Für mich bedeutet, heilig zu sein, viel mehr als das; es bedeutet: sein wie Jesus. Wer möchte nicht so sein? Wer möchte nicht heilig sein?

Dazu wäre noch hinzuzufügen:

Bereits seit meiner Taufe, als ich in den Tod und die Auferstehung Jesu Christi getauft und gleichsam eingewurzelt wurde, trage ich den Keim der Heiligkeit in mir - durch die Gabe des Heiligen Geistes, der mir umsonst, ohne jedes Verdienst meinerseits, geschenkt wurde. Die Gabe der Heilung ist kein Zeichen der Heiligkeit, sie ist ein umsonst gegebenes Geschenk. Wenn ich diese Gabe mit Geduld und Liebe in den Dienst der Kranken stelle, kann sie mir eine Hilfe zur Heiligung sein; denn es handelt sich dabei ja um einen reinen Liebesdienst, der zuweilen auch außerordentlich belastend sein kann.

Eines Tages fragte mich jemand: "Emiliano, hast du nicht Angst, daß dich die Menschen wegen der vielen Wunder schon zu Lebzeiten heiligsprechen?"

Ich erwiderte: "Es ist mir lieber, sie nennen mich einen Heiligen, als einen Räuber oder Banditen."

– Wird nicht der Boden für kollektive Hysterie vorbereitet, wenn Sie, Pater Emiliano, vor großen Menschenmengen sprechen ?

Es gibt Erscheinungen, die ich nicht als Hysterie, sondern als normalen Enthusiasmus - angesichts der heilbringenden Gegenwart unseres Gottes - bezeichnen möchte. Die Psalmen zum Beispiel quellen über von solchen Ausbrüchen der Begeisterung.

Freilich, die Schriftgelehrten und Pharisäer empfanden den Jubel und die lauten "Hosianna-Rufe", die dem Sohn Davids galten, als übertrieben. Ich frage mich oft, warum die Menschen im Sportstadion beim triumphalen Sieg ihrer Lieblingsmannschaft sich begeistern und schreien dürfen, es jedoch beim Offenbarwerden der Gegenwart des einzigen Menschen, des Menschensohnes, der den Tod besiegte, nicht dürfen sollten? Warum sollte man in Gegenwart eines Künstlers vor Rührung weinen dürfen, während Freudentränen vor dem Herrn aller Herren nicht gestattet sein sollten?

Ich zweifle nicht daran, daß manche Menschen im Ausdruck ihrer Gefühle übertreiben, während anderen wiederum die Freiheit fehlt, ihren Gefühlen freien Lauf zu lassen.

– *Aber manchmal gibt es doch religiöse Schwärmerei und Emotionalismus, oder ...?*

Ich habe einen begeisterten Menschen lieber als einen Toten. Den Schwarmgeist kann man korrigieren und erziehen; aber mit dem Toten? - was kann man mit dem schon anfangen?

– *Warum werden manche Menschen geheilt, andere nicht ?*
Einige, die offensichtlich einen starken Glauben haben, so daß man sogar vermuten könnte, daß sie die Heilung verdienen würden, werden nicht geheilt; dagegen werden andere geheilt, von denen man es nie gedacht hätte.

Hier sollte man zwei Fälle unterscheiden:
Erster Fall : Warum werden Menschen geheilt?
Zweiter Fall: Warum werden Menschen nicht geheilt?
Was den ersten Fall betrifft, möchte ich etwas erwähnen, was sich vor kurzem in einer Versammlung ereignete, in der wir das Thema "Warum heilt uns Gott?" ausführlich diskutierten.
Einer der Anwesenden führte ein biblisches Argument an, ein anderer wiederum berief sich auf eine Verheißung des HERRN. Unter den Anwesenden war ein Junge, mit dem Gesichtsausdruck eines geistig beschränkten Menschen; auch er wollte seine Meinung sagen, aber niemand gab ihm dazu Gelegenheit. Endlich, nachdem alle mit ihren tiefschürfenden Überlegungen am Ende waren, sagte der Junge, stockend und ganz langsam: "Ich glaube, daß uns Gott heilt, weil wir krank sind."
Nachdem ich selbst dieselbe Frage unzählige Male in meinem Kopf hin und her gewälzt hatte, kam ich genau zu demselben Schluß: Gott

ist ein guter Vater, der sich seiner Kinder erbarmt, wenn sie leiden. Die Antwort auf die zweite Frage und den Grund, warum andere Menschen nicht geheilt werden, weiß ich nicht; da habe ich nicht die geringste Ahnung. Sobald ich jedoch in den Himmel komme, werde ich Gott zuallererst danach fragen.

Ganz sicher ist, daß zuweilen sogar Heiden, die den christlichen Glauben nicht kennen, geheilt werden - wie ich es in Afrika und Indien erlebt habe.

Bei einem Evangelisationsfeldzug in Bandaka (Zaire) kamen an einem Nachmittag an die 25.000 Menschen ins Sportstadion, um an einer Heilungsmesse teilzunehmen. Ein Kind, das Jesus und seine Lehre nicht kannte, ging am Stadion vorbei; und aus Neugier, nur um zu sehen, was da eigentlich los sei, kam es gerade im Augenblick der heiligen Kommunion herein. Nach der Kommunion folgte das Gebet für die Heilung der Kranken. Das Kind, das seit seiner Geburt an Tachykardie (Herzjagen) gelitten hatte, spürte plötzlich, wie eine starke Wärme, ähnlich einem elektrischen Strom, seinen Körper durchströmte. Es war der Geist des lebendigen Gottes, der einst den Körper von Jesus im Grab zum Leben erweckt hatte, der nun den Körper des Kindes durchflutete und heilte.

Nach der Messe war das Kind von seiner Tachykardie völlig geheilt - und der Arzt, der das Kind untersuchte, konnte feststellen, daß hier nicht ein Phantasieprodukt der kindlichen Einbildung, sondern eine echte Heilung des Herzens vorlag.

In der Abschlußveranstaltung der Evangelisation gab der zwölfjährige Junge mit überraschendem Freimut sein Zeugnis und endete, indem er dem HERRN mit folgenden Worten dankte: "Ich bin kein Christ, aber jetzt möchte ich einer sein."

Wir stehen vor einem Mysterium der Liebe Gottes. Obwohl Gott nur einige heilt, bietet er uns allen die endgültige Heilung an: das ewige Leben, wo es weder Krankheit noch Trauer noch Weinen gibt. Heilung empfangen wir umsonst, aber wer sind wir, daß wir Gott solche Fragen stellen dürfen: "Warum heilst du diesen und nicht jenen?"

Der Mensch wird nicht geheilt, weil er es verdient; die Heilung ist vielmehr ein umsonst gegebenes Geschenk Gottes.

Das folgende Zeugnis von Josefina Guzmán de Zapotiltic, Jal. (México) läßt uns erkennen, daß uns der HERR heilt, weil wir krank sind, und nicht, weil wir es auf Grund unserer guten Werke verdienen. Die Heilung ist ein Ausdruck seiner Liebe, in der ER völlig frei ist:

Seit einigen Jahren litt ich an einer Krankheit, aufgrund derer ich mich den ganzen Tag über schwach fühlte. Ich bekam keine Luft, hatte Atemnot und konnte den häuslichen Arbeiten nicht nachkommen. Das war der Anlaß, daß mein Mann sich über mich ärgerte und mir vorwarf, daß ich faul sei. Dieser Vorwurf traf mich hart und war der Grund für meine Traurigkeit und Verzweiflung.

Ich ging zum Arzt, der niedrigen Blutdruck diagnostizierte. Er empfahl mir, jeden Tag ein Gläschen Cognac zu trinken. Da ich für den Kauf von Cognac kein Geld hatte, trank ich als Ersatz ein kleines Bier. Kein Zweifel, es half mir, so daß ich mich wohler fühlte. Am nächsten Tag trank ich eine Halbe und fühlte mich weiter wohl.

Es dauerte nicht lange, da trank ich ein Bier beim Aufstehen und ein weiteres am Nachmittag; dann brauchte ich noch eines zum Einschlafen. Ohne daß ich mir dessen richtig bewußt wurde, war ich alkoholsüchtig geworden. Ich wollte zwar keine Alkoholikerin werden, konnte jedoch mit dem Trinken nicht mehr aufhören. Dieses Laster der Alkoholsucht brachte mich an den Rand des Grabes. An meinem eigenen Körper konnte ich beobachten, welche Rückwirkungen die Sünde im Körper auslöst. Zuerst war ich krank an der Seele; nun erkrankte ich auch noch körperlich.

Ich suchte Hilfe bei den Anonymen Alkoholikern. Dort sagte man mir, daß mir nur das erste Glas schade. Ich befand mich jedoch gewissermaßen in einer Sackgasse. Wenn ich nicht trank, konnte ich nicht arbeiten; wenn ich aber nicht arbeitete, prügelte mich mein Mann.

Mir war ganz klar, daß ich nur durch ein Wunder aus dieser tiefen Grube, in die ich gefallen war, herauskommen konnte. Wunder gab es jedoch nur früher und nur für gute Menschen - nicht für Trinkerinnen, wie ich eine war.

Damals begann ich, Gebetsgruppen der Erneuerungsbewegung zu besuchen. Ich hatte nämlich erfahren, daß Gott in diesen Gruppen auch heute noch Wunder tut. Dort hörte ich das WORT GOTTES, das uns lehrt, daß die Sünde Ursprung aller Übel und Krankheiten ist. Da kam mir der Gedanke, ich bräuchte eine richtige, gute Beichte; dazu entschloß ich mich dann auch im Jubiläumsjahr 1983. Mein Gesundheitszustand verschlimmerte sich aber immer mehr. Deshalb suchte ich den Doktor Ismael Espejo auf, der am 24. Mai 1984 einen Krebstest an mir vornahm; das Ergebnis: Krebs in der Gebärmutter, in fortgeschrittenem Stadium. Die medizinische Wissenschaft konnte mit mir nichts mehr anfangen, da der Entwicklungszustand des Krebses bereits die fünfte Stufe erreicht hatte. Ärztlicherseits gab man mich daher auf.

Trotz meiner Krankheit nahm ich weiter an den Gebetszusammenkünften teil, obwohl es mir sehr schwer fiel, mich fortzubewegen. Aber zu jener Zeit nahm Gott bereits den ersten Platz in meinem Leben ein - vor allen anderen Dingen. Eines Tages teilte man mir mit, daß Pater Emiliano Tardif nach Guadalajara komme und im Auditorium der Stadt eine heilige Messe für die Kranken feiern werde. Als er dann tatsächlich kam und die Heilungsmesse feierte, spürte ich während des Gebetes für die Kranken, wie sich eine Hand ganz leicht auf meine linke Schulter legte.
Im November desselben Jahres gab es eine weitere Veranstaltung im Stadion Jalisco. Es waren dort mehr als 60.000 Menschen versammelt, die Gott seiner Wunder wegen lobten und priesen.
Nach der Kommunion begann Pater Emiliano, um Heilung für die Kranken zu beten; er gab gleichzeitig bekannt, daß Gott viele Kranke, aber nicht alle heilen werde.
Ich sprach zu mir selbst: "Nun, du gehörst zu jenen, die nicht geheilt werden, weil du eine Trinkerin bist und weil du es nicht verdienst." Dann legte ich mich in die Hände der Mutter Gottes, damit sie mich ihrem göttlichen Sohn vorstelle.
Auf Grund eines "Wortes der Erkenntnis" sagte Pater Emiliano, daß fünf Personen von Krebs geheilt werden. Darunter sei eine Frau mit Gebärmutterkrebs.

Ich nahm das "Wort des HERRN" für mich in Anspruch, stand von meinem Platz auf und schrie aus Leibeskräften: "Das bin ich!" - Die Leute drehten sich nach mir um, einige mit Mißtrauen, andere voll Freude; ich aber war ganz sicher, daß mich der HERR soeben geheilt hatte. Am 4. Januar 1985 untersuchte man mich wieder. Das Ergebnis war mehr als erstaunlich: Der Krebs war nicht mehr da! - Der Arzt konnte sich nicht erklären, was da geschehen war, weil man doch vorher einen bösartigen Tumor der fünften Entwicklungsstufe, der sich über das ganze Becken erstreckte, festgestellt hatte. Jetzt aber war ich vollkommen gesund!

Ich wiederholte vor ihm die Worte des Paters Tardif: "Jesus ist der HERR über das Unmögliche."
Als Bestätigung meiner Heilung habe ich das Untersuchungsergebnis vom 10. Juli 1986 noch in meinem Besitz.
Den Alkohol brauche ich auch nicht mehr. Es ist vorbei mit den kleinen Bierchen. Jetzt habe ich Kräfte wie in meinen Jugendjahren. Meine Stärke ist nur noch Gott, Gott allein! Er ist mein Schild! Der HERR, der meine Seele geheilt hat, hat auch meinen Körper gesund gemacht. Ich stelle meine ärztlichen Befunde jedem zur Verfügung, der sie gern sehen möchte. Ich brauche sie nicht mehr.

Ich möchte mich jetzt lieber für meine "letzte Untersuchung" vorbereiten; da wird mich Jesus fragen, was ich für IHN unter den Armen und Bedürftigen getan habe - unter den Menschen, die ärmer und bedürftiger sind als ich.

– *Was empfinden Sie, wenn ein Blinder das Gesicht wiedererlangt oder ein Gelähmter von seiner Tragbahre aufsteht?*

Ich empfinde große Freude, ähnlich der Freude, die ich empfand, als mich der HERR heilte.
Ich will zwei Heilungsfälle anführen, in welchen die barmherzige Liebe Gottes aufleuchtet, und sagen Sie mir dann, ob man da nicht glücklich und zufrieden sein kann:

Ich predigte bei einem Freizeittreffen in Quebec. Am ersten Abend empfing ich während des Heilungsgebetes ein WORT des HERRN: "Jemand, dessen linkes Ohr taub ist, wird jetzt geheilt."
Ich fragte, wer es sei. Da stand ein Polizist auf und sagte tief ergriffen: "Ich bin es; ich hörte nicht auf dem linken Ohr, und jetzt höre ich ganz klar!"
Am nächsten Abend wurde wiederum um Heilung gebetet. In einem "Wort der Erkenntnis" hieß es, daß jemand, der einen Unfall hatte und als Folge davon unter starken Schmerzen an der Wirbelsäule leidet, geheilt werde. "Wer ist diese Person, die an diesen Schmerzen leidet und jetzt eine starke Wärme im Rücken verspürt?" fragte ich. "Steh auf, und du wirst feststellen, daß deine Schmerzen fort sind!"
Ein Polizist - der von gestern abend - stand auf und sagte mit Tränen in den Augen: "Ich bin es, ich spüre keinen Schmerz mehr."
Am dritten Abend lautete ein "Wort der Erkenntnis" folgendermaßen:

"Hier ist jemand, der starke Schmerzen unter den Fußnägeln hat; du hast ein intensives Wärmegefühl mit starkem Brennen in den Füßen; der HERR heilt jetzt deine Füße." - Ich fragte, wer es sei, und wiederum stand der Polizist von gestern und vorgestern auf und sagte: "Ich bin es." - Es war seine dritte Heilung. Er litt an Gicht, aber ich kannte damals noch nicht den Namen dieser Krankheit.

Nach diesen Vorfällen fürchteten die Leute, daß der Polizist am nächsten Abend wiederkomme, und das wollten sie nicht; sie dachten nämlich, er würde die Heilungen der ganzen Woche für sich allein in Anspruch nehmen.

Ich klärte sie jedoch auf: "Nein, so etwas gibt es bei den Heilungen nicht. Die Kraft Jesu reicht für alle aus. Verwandelte er nicht bei der Hochzeit zu Kana soviel Wasser in Wein, daß es noch für eine weitere Hochzeit gereicht hätte? Gott hat sich des Polizisten in ganz besonderer Weise erbarmt, damit wir Seine Liebe erkennen und ihr ganz vertrauen. Gott hat Segnungen für alle seine Kinder."

Zwei Wochen später hatten wir ein Freizeittreffen in Montreal, wo der Polizist von seiner dreifachen Heilung - Gehör, Wirbelsäule und Gicht - Zeugnis gab.

Dieser Mann, der von Gott sehr weit entfernt war, erlebte eine so starke innere Verwandlung, daß er jetzt in der Erneuerungsbewegung in Lasarre, wo er wohnt, zusammen mit seiner Frau außerordentlich aktiv mitarbeitet. Er gehört sogar zu den Leitern dieser Bewegung. Die dreifache Heilung hatte eine geistige Verwandlung der ganzen Familie zur Folge, was uns an diesem Zeugnis am meisten erfreut. Gott ist nicht knauserig. Manchmal hat ein Kranker verschiedene Leiden, bittet jedoch nur um eine einzige Heilung, als ob die Heilung sehr teuer wäre. Man sollte jedoch zu Gott Vertrauen haben und ihn um das ganze Heilungspaket bitten; denn Gott ist reich und viel, viel reicher, als wir denken.

Ein weiteres sehr hübsches Zeugnis, das uns zeigt, wie humorvoll unser Gott ist, stammt aus dem Jahr 1984; der Vorfall ereignete sich in Santiago del Estero während einer Evangelisation, die sich über fünf Abende erstreckte und in einem Stadion, in dem sich an die 30.000 Menschen versammelt hatten, stattfand:

Nach der Predigt feierten wir die Eucharistie. Eine Mutter hatte ihr fünfjähriges Kind, das seit zwei Jahren gelähmt war, mitgebracht.

Da sich das Kind nicht bewegen konnte, ließ es die Mutter, als sie zur Kommunion ging, auf dem Stuhl, auf dem sie gesessen hatte, allein.

An der Kommunion nahmen so viele Leute teil, daß es etwas länger dauerte, bis sie wieder an ihren Platz zurückkehren konnte. Als sich die Meßfeier dem Ende näherte, kam sie weinend ans Mikrophon, um zu fragen, wer ihr gelähmtes Kind mitgenommen hat.

Irgend jemand hatte jedoch beobachtet, daß das "verlorene" Kind etwas weiter entfernt mit anderen Kindern spielte. Gott hatte es während des Heilungsgebetes geheilt; es war dann von seinem Stuhl heruntergerutscht und zu den anderen Kindern gelaufen, um mit ihnen zu spielen.

– Was empfinden Sie, wenn Menschen nicht geheilt werden ?

Mir tut es leid, aber ich habe nicht das Gefühl, daß ihnen etwas genommen wird. Ich betone immer wieder, daß Jesus niemals versprochen hat, daß alle Kranken geheilt würden; er würde uns aber, so sagte er, Zeichen, welche die Evangelisation begleiten, geben. Die Heilungen sind Zeichen, welche die Verkündigung des Evangeliums bestätigen; aber es müssen nicht alle Krankheiten geheilt werden, um dem WORT Gottes Glauben schenken zu können.

Ein Journalist hielt mir einmal vor: "Ich glaube, man sollte mit diesen Versammlungen aufhören, denn viele Kranke kommen in der Hoffnung, geheilt zu werden, und kehren krank nach Hause zurück. Ohne Hoffnung zu leben, ist nicht so schlimm, wie enttäuscht zu werden."

Darauf antwortete ich ihm: "Dann müßte man auch die Krankenhäuser schließen, denn viele Kranke, die hineinkommen, verlassen sie in Richtung Friedhof in einem Sarg."

Ich sehe die Sache anders als jener Journalist. Ich glaube, daß alle Kranken, die an so einer Heilungsveranstaltung teilnehmen, irgendeine Gnade und einen Segen Gottes empfangen - selbst dann, wenn sie nicht geheilt werden. Es ist für viele bereits eine wichtige Heilung, wenn der Glaube erwacht.

José M. Troche, Berichterstatter der Zeitung "El Diario", die in Asunción (Paraguay) erscheint, schrieb am 22. April 1988 einen ergreifenden Artikel mit dem Titel "Revivir" ("Von neuem zum Leben erwachen"):

Er lebte dort, traurig wie eine Blume im Herbst; mißmutig und deprimiert, auf den Tod wartend. Die Jahre vergingen, und der Tod, den er als Befreiung von seinen Leiden herbeisehnte, kam nicht. Er fühlte sich wie ein Gefangener, aber es gab da kein Gitter, das ihn an der Flucht hätte hindern können; trotzdem konnte er nicht fliehen, obwohl er es wollte. Es gibt kein traurigeres Gefängnis als den Rollstuhl, der den bewegungsunfähigen Kranken in tragischer Weise an sich fesselt.

Er konnte dieses Leben nicht mehr ertragen. Mit vierzig Jahren war er in den Rollstuhl gekommen und wurde zum Sklaven seiner Familie. Man schob ihn dahin, wohin er nicht wollte. Man legte ihn ins Bett, wenn er auf die Promenade wollte. Niemand hatte für ihn Zeit. Und dazu noch der Gedanke, daß er zwanzig Jahre geschuftet hatte, Pfennig auf Pfennig stapelnd, bis er schließlich das Geschäft, das ihm ein sorgenfreies Leben ermöglicht hätte, eröffnen konnte. Nun aber war es damit aus, denn er konnte sich nicht mehr darum kümmern.

Tag für Tag, seit jenem Sonntagnachmittag vor fünf Jahren, erwachte er mit demselben angstvollen Gedanken. Er nahm alle seine Willenskraft zusammen, um aus dem Bett zu kommen, aber die Beine versagten ihren Dienst. Er hielt sich an den Handgriffen, die man am Kopfende des Bettes installiert hatte, fest, und nur so konnte er aufstehen. Er betrachtete seine Beine: gewaltig, muskulös, Beine eines Athleten; aber ohne Kraft, wie tot.

Der Auto-Unfall war schrecklich gewesen; er aber ist am Leben geblieben. Der andere - der Siebzehnjährige - war gestorben.

"Warum bin ich nicht an seiner Stelle gestorben?" klagte er, angesichts dieses leidvollen Verlöschens des Lebens, dessen er bereits überdrüssig war.

Als ich ihn das letzte Mal sah, war er deprimierter als je zuvor. Er dachte daran, ein Ende zu machen, hatte aber nicht den Mut dazu. Aber - vor nicht allzulanger Zeit geschah etwas. Wie gewöhnlich schob sein ältester Sohn am Sonntag den Rollstuhl zur Kirche, zur Sonntagsmesse. Danach traf ich ihn, fast zufällig. Ich war darauf gefaßt, seine monotone Klage-Litanei anzuhören - aber da war ein anderer Mensch! Er lächelte, wie er es jahrelang nicht mehr getan hatte. Er trug ein weißes Hemd - sein graues Gewand hatte er abgelegt. Er roch ein wenig nach französischem Parfüm - ein klarer Beweis, daß er wieder zum normalen Leben erwacht war.

"Warum schaust du so komisch?" begrüßte er mich. - Was für ein Gesicht muß ich wohl gemacht haben, als ich ihn sah? Es war sicher nicht der mitleidsvolle Blick von ehedem, auch nichts Ähnliches. Möglicherweise war es ein erstauntes, verblüfftes Gesicht. Und meine Augen? Sicher fragten sie, was wohl geschehen war. Er lächelte noch immer. "Es ist ein Wunder!" dachte ich.

"Ja, alter Freund, es ist ein Wunder", erwiderte er, als ob er meine Gedanken erraten hätte, und erzählte mir die Geschichte.

Er hatte sich wirklich schon als tot angesehen, denn in der Seele war er ja fast tot - ohne Illusionen, ohne Freude und ohne Erwartung, ohne den Zustand seiner Invalidität anzunehmen, vergessend, daß der Körper noch über andere lebenswichtige Organe - und nicht nur über zwei Beine - verfügt. Er berichtete:

"Das Wunder geschah an jenem Abend. Meine Söhne nahmen mich in das Sportstadion mit, da sie an jenem Abend mehr Mitleid und Erbarmen mit mir hatten als je zuvor. Sie taten es nur, um zu sehen, ob ich vielleicht nach Verlassen des Stadions wieder so wie früher Fußball spielen könnte. Aber wie du siehst - es ist alles beim alten geblieben - dem Anschein nach; aber in Wirklichkeit ist alles anders geworden, ganz anders, seit jenem Abend."

Seit jenem Abend fühlte er, daß er ein nützlicher Mensch war: stark und vital, obwohl er nicht laufen konnte - ein Mensch, den die anderen brauchen. Seit jenem Abend begann er wieder zu leben. An jenem Abend begriff er, daß er nicht allein ist und daß die Lähmung seiner Beine nichts ist im Vergleich zum Krebs seiner Seele. Und an diesem Abend wurde er geheilt. Er wurde an seiner Seele geheilt, von seinem Pessimismus befreit und brauchte keine Heilung mehr - für seine Beine."

– Wie können Sie bloß ständig glücklich sein, trotz der vielen Kranken, die zu Ihnen kommen? - Wie können Sie jeden Tag den Schmerz aushalten und wie ein Schwamm sein, der die Bitterkeit des menschlichen Elends aufsaugt? Leiden Sie nicht wegen der Schmerzen so vieler Menschen?

Ich leide beim Anblick so großen Leides, aber ich werde nicht deprimiert. Der HERR schenkt uns das Mitleid, das eine Stufe der Liebe Jesu für den Kranken ist ... Gleichzeitig bin ich jedoch ein Zeuge der großen Liebe Gottes für den, der leidet.

So gewiß es ist, daß ich jeden Tag mit den Schmerzen der Menschen in Berührung komme, so sicher ist es, daß ich jeden Tag die Kraft und die Macht unseres erbarmungsreichen Gottes erlebe. Daher kann ich mit dem heiligen Paulus wiederholen: *"Was kann uns von der Liebe Christi scheiden? Bedrängnis oder Not oder Verfolgung, Hunger oder Kälte, Gefahr oder Schwert?" (Röm 8, 35)*
Weder der Krankheit noch dem Tod wird dies gelingen!

– Wie funktioniert das "Wort der Erkenntnis", vermittels dessen Sie erkennen, was Gott gerade tut ?

Ich sehe nichts und fühle nichts. Aber ich habe die innere Gewißheit, daß jemand geheilt wird.

Diese Sicherheit findet ihre Bestätigung, wenn ich feststelle, daß der Kranke wirklich geheilt wurde.

Es handelt sich dabei um eine innere Anregung, eine Anrührung, einen Impuls des Heiligen Geistes.

Der HERR sagte einmal zu einer kontemplativen Klosterschwester: " Jedesmal, wenn du ein 'Wort der Erkenntnis' aussprichst, benötigst du dazu einen Glaubensakt; so ähnlich, wie wenn du glaubst, daß ICH in der Heiligen Hostie gegenwärtig bin."

Es ist so, als ob man einen Weg, der in dichtem Nebel liegt, betritt: Anfangs kann man nur die unmittelbare Umgebung erkennen; je weiter man fortschreitet, umso besser erkennt man, was weiter entfernt vor uns liegt.

Ich habe beispielsweise die Gewißheit, daß jemandes Gehör geheilt wird. Beim Aussprechen wird mir klar, daß es eine Frau ist, die jetzt Wärme empfindet; und sogar ihr Alter weiß ich. Wenn ich nicht die Gewißheit hätte, daß mein Wissen vom HERRN ist, hätte ich nicht den Mut, einer Frau ihr Alter zu sagen.

Ein sehr hübsches Zeugnis gab uns die Klosterschwester Regina Catteeuw in ihrem Brief vom 10. Oktober 1988:

Ehrwürdiger Vater Tardif!
Mit großer Freude und mit Dank schreibe ich Ihnen, um Ihnen eine frohe Nachricht mitzuteilen: Lukas hat das Licht der Welt erblickt. Er ist der Erstgeborene meines Bruders und seiner Frau María Rosa; sie heirateten am 22. August 1975.
Das vorletzte "Wort der Erkenntnis", das Sie am 14. November in Gand aussprachen, lautete: "Es ist hier ein Ehepaar, das bereits seit

zwölf Jahren verheiratet ist und keine Kinder bekommen konnte. Innerhalb eines Jahres werden sie ein Baby in ihren Armen halten." Am 22. August, genau am dreizehnten Jahrestag ihrer Eheschließung, bekamen sie ein Baby, das 3650 g wog und schwarze Haare hatte. Als mein Bruder seinen Sohn in den Armen hielt, rief er ganz gerührt aus: "Du lebtest so lange in unserer Sehnsucht und in unseren Träumen. Der Frühling und der Winter kam - jedes Jahr -, aber du kamst nicht. Warum du nicht früher, sondern erst jetzt gekommen bist, ist ein Geheimnis zwischen Gott und dir - ganz allein zwischen dir und Gott.

Der Glaube der ganzen Familie ist gewachsen und stärker geworden.

Einen ganz lieben Gruß
von María Rosa, Lukas und dem kleinen Lukas.

Schwester Regina Catteeuw

Die Ausübung der Geistesgaben ist eine Hilfe für das Wachstum im Glauben. Jedesmal, wenn ich ein "Wort der Erkenntnis" ausspreche, stürze ich mich gleichsam ins Meer, wobei ich weiß, daß ich mich auf den HERRN verlassen kann, daß er zuverlässig ist und keine Fehler macht. Gleichzeitig bewegen wir uns auf einem Weg der Liebe, da wir mit den Geistesgaben auf mannigfache Weise der Gemeinschaft dienen. Alle Geistesgaben werden uns zum Dienst gegeben, und deshalb sind sie eine Offenbarung des größten Charismas: des Charismas der Liebe.

Das "Wort der Erkenntnis" ist ebenso ein Glaubensakt desjenigen, der das Wort ausspricht, wie auch des Kranken, der es hört; und Gott, der den Glauben schenkt, antwortet auf diesen Akt des Glaubens.

– Tun Sie Wunder ?

Ein Journalist aus Kolumbien stellte mir eines Tages gerade diese Frage. Ich antwortete ihm:
Nein, nichts dergleichen. Alles ist ganz einfach: ich bete - und Jesus heilt. Am nächsten Tag setzte er einen Artikel in die Zeitung, dessen Titel lautete: "Pater Tardif betet, und Jesus heilt." Als ich die Zeitung sah, rief ich aus: "Endlich ein Journalist, der begreift, worum es hier geht!" Die Gabe der Heilung wird uns für die anderen gegeben, nicht für uns. Zuweilen wurde ich krank; wenn die Gabe der Heilung für

mich gewesen wäre, hätte ich mir die Hände auf den Kopf gelegt, hätte gebetet und wäre geheilt gewesen; aber das stimmt nicht, die Sache verhält sich nicht so.

Während eines Wochenend-Freizeittreffens für 2.000 Menschen in Tucson, Arizona, heilte der HERR zahlreiche Personen, auch solche mit schweren Krankheiten; vor allem heilte er Arthritis. Am Sonntagnachmittag, so um 14 Uhr, hatte ich hohes Fieber. Ich hatte mich erkältet, und nur unter Schwierigkeiten konnte ich auch noch über mein letztes Thema sprechen. Nachdem das Treffen zu Ende war, mußte ich eineinhalb Tage das Bett hüten.

Ich sagte zu mir: "Wenn die Gabe der Heilung zu meinem eigenen Nutzen gegeben wäre, würde ich mir die Hände auflegen und wäre auf der Stelle gesund, so daß ich aufstehen könnte." - Aber der HERR belehrte mich wiederum, daß nicht ich es bin, der heilt, sondern ER.

– Erzählen Sie uns bitte von einer Heilung, die Ihre Aufmerksamkeit in besonderer Weise erregt hat.

Ich werde Ihnen von mehreren Heilungen, welche zeigen, wie humorvoll unser Gott ist, berichten:

Im Jahr 1984 predigte ich bei einem Freizeittreffen in der Stadt Monterrey. Während der Eucharistie-Feier war es recht schwierig, die Kommunion auszuteilen, da die Besucher in den Gängen ganz dicht nebeneinander auf Tuchfühlung standen. Nur mit Hilfe der Ordner gelangte ich in den rückwärtigen Teil des Raumes.

Als ich mitten durch die Menschenmenge ging, wollten mich einige Personen anrühren; andere wollten sogar, daß ich auf der Stelle für sie bete. - "Ich weiß wirklich nicht, warum nur diese Menschen den Pater Emiliano suchen" - kam mir plötzlich in den Sinn -, da sie doch JESUS haben; der kann sie doch heilen!

Inmitten dieser vielen Menschen sah ich eine Frau mit Tränen in den Augen und mit einem kleinen Kind in den Armen, das mich ganz liebevoll ansah. In diesem Augenblick erinnerte ich mich an den Lahmen am Teich Betesda (Joh 5, 7), der nicht in das wundertätige Wasser eintauchen konnte, weil er niemanden hatte, der ihm half. Da näherte ich mich spontan dem Kind und gab ihm einen Kuß. Es lächelte, und ich fuhr fort, die Kommunion auszuteilen. Normalerweise gebe ich beim Austeilen der Kommunion keine Küsse. Aber in diesem Augenblick fühlte ich in mir den Impuls - und tat es.

Am nächsten Tag trat die Mutter des Kindes vor der großen Menschenmenge an das Mikrophon und berichtete: "Gestern ging Pater Emiliano, als er die Kommunion austeilte, nahe an uns vorbei. Plötzlich blieb er stehen und gab meinem kleinen, zweijährigen Kind, das völlig taub war, einen Kuß. - Ich möchte Gott danken, denn seit gestern fing mein Kind an zu hören. Gelobt und gepriesen sei Sein NAME !"

Von diesem Tage an wurde mein Leben komplizierter. Alle Frauen wollten, daß ich sie küsse. Ich mußte ihnen jedoch sagen: "Nein, Küsse gibt es nur für die Kinder. Die Frauen mögen sich von ihren Männern küssen lassen."

Diese "Belehrung" war für mich jedoch sehr wertvoll. Ich habe niemanden geheilt. Im Kuß selbst, wie ausdrucksvoll er auch immer als Zeichen der Liebe sein mag, ist nicht einmal die Kraft, auch nur einen Kopfschmerz zu heilen. Was geschah denn wirklich? Ich hielt Jesus in meinen Händen, und es war Jesus, der dieses kleine, taube Kind heilte. Ich bin einfach nur der "Esel", der Jesus trägt. ER aber ist es, der nicht aufhört, die Kranken zu heilen und immer wieder zu heilen. Ganz schlimm wäre es, wenn wir auf den "Esel" schauten und nicht auf den, der auf seinem Rücken sitzt.

An dem Tag, an dem wir uns bewußt werden, daß wir Träger von Jesus Christus sind, an diesem Tag wird unser Dienst anders werden: Wir werden nicht mehr soviel von Jesus reden, sondern werden IHN mit all seiner Macht wirken lassen.

Die Art und Weise, wie Jesus heilt, ist so eigenartig, daß ich nicht versäumen möchte, davon zu erzählen, was in Monte María geschah:

"Dort versammelten sich jeden Sonntag mehr als 50.000 Menschen zur Eucharistie-Feier, bei welcher Pater Gilberto Gómez für die Kranken betete. Bei einer dieser Feiern fiel der Mast der Vatikan-Fahne um. Er traf einen Mann, der gekrümmt und schief gerade vorbeiging. Er wurde von dem Mast zu Boden geworfen.
Zahlreiche Menschen liefen besorgt herbei, um zu sehen, wie dieser so große und schwere Mast, gleichsam gezielt, auf eine kranke Person fallen konnte. Zur großen Überraschung aller stand der Invalide ohne fremde Hilfe auf. Der Mast hatte ihm durch den Aufprall die Wirbelsäule geradegerichtet. Bis heute geht und bewegt sich dieser Mann völlig normal."

Die Wege Gottes sind recht humorvoll; manchmal heilt Gott durch einen Kuß, manchmal durch einen Fahnenmast.

Eine andere sonderbare, für mich anfangs schwer verständliche Heilung, über die ich jedoch später oft lachen mußte, geschah im Jahr 1985 in Arequipa:

Das erste "Wort der Erkenntnis", das ich während des Gebetes für die Kranken empfing und weitergab, war folgendes: "In diesem Augenblick heilt der HERR einen Gelähmten." - Dann, mit leicht befehlender Stimme, fügte ich hinzu: "Im Namen Jesu, stehe auf!" - Keiner von denen, die im Rollstuhl saßen, wagte es, den Glaubensschritt zu tun.

Daraufhin erläuterte ich: "Der HERR heilt in diesem Augenblick einen Gelähmten. Du spürst jetzt als Zeichen dafür, daß du es bist, der geheilt wird, ein Wärmegefühl in den Beinen und ein Zittern im Körper. Du, der du diese Wärme spürst, steh auf, im Namen des HERRN ... !"

Niemand tat desgleichen - nur eine spannungsgeladene Stille lag über uns allen!

Ich gab nicht auf und wiederholte ganz langsam, mit abgemessener, aber ganz klarer Stimme: "Der Gelähmte, den der HERR soeben heilt, möge aufstehen!" - Niemand stand auf. Es schien, daß diesmal vor den zweifelnden Blicken der Skeptiker nichts geschehen sollte. Dann sagte ich, was einigen als billige Entschuldigung erschien: "Gut, vielleicht wirst du später dein Zeugnis geben", und ich fuhr fort, indem ich weitere "Worte der Erkenntnis" mitteilte. Obwohl alle ihre Bestätigung fanden, hinterließ das erste, unerfüllte "Wort der Erkenntnis" einen bitteren Nachgeschmack.

Als Abschluß kündigte ich dann an: "Der HERR öffnet jetzt einem Tauben die Ohren."

In diesem Moment stand ein Tauber aus seinem Rollstuhl auf und begann zu schreien: "Pater, ich höre, ich höre! Vorher hörte ich nichts!"

Dann klärte ich die Situation auf: "Richtig, du bist der Gelähmte, den der HERR geheilt hat; aber da du auch taub warst, hast du nicht gehört und nicht bemerkt, daß der HERR dich von deiner Lähmung soeben heilt. Im Namen Jesu, geh nun los!"

Und der Mann begann unter dem Applaus, dem Lachen und der Freude der Menge zu gehen...

Zum Schluß fügte ich noch lächelnd hinzu: "Jeden Tag lernt man etwas dazu. Von heute an werde ich den HERRN bitten, er möge zuerst die Tauben heilen und uns auf diese Weise die peinlichen Situationen, in die ER uns sonst bringt, ersparen."

– Pater, was fühlt man, wenn man jeden Tag so nahe bei Gott ist?
Gewöhnt man sich nicht schnell daran, wenn sich Gott jeden Tag
offenbart?

Es ist genauso gefährlich, wie wenn man täglich die heilige Messe feiert. So wie man in Gefahr kommt, daß das häufige Feiern der Eucharistie zu einer nüchternen Routine wird, so könnte man sich auch an diesen Heilungsdienst gewöhnen. Daher muß man den Glauben täglich erneuern.

Glücklicherweise führen die Zeugnisse dazu, daß wir immer wieder von neuem in Begeisterung geraten. Wenn es sich nicht immer wieder bestätigt hätte, was der HERR getan hat, dann hätte ich vermutlich bereits aufgegeben. Manchmal wird man müde, aber die Zeugnisse regen uns immer wieder an, weiterzumachen. Wenn ich die Freude sehe, nachdem jemand geheilt wurde, bekomme ich wieder neuen Mut, mit dem Gebet für die Kranken fortzufahren.

– Geht mit den Heilungen nicht der Wert des Leidens verloren?

Ich möchte darauf mit einem Vorfall aus dem realen Leben antworten:

Das Flugzeug hatte einmal Verspätung, und ich kam zu einem Freizeittreffen zu spät. Der Bischof empfing mich etwas ungeduldig, denn er hatte eine Verabredung und wartete nur, um mir noch einige Anweisungen zu geben.

Kaum war ich angekommen, wies er mich - fast ohne mich richtig begrüßt zu haben - ganz förmlich auf Folgendes hin: "Pater, das Leiden und die Krankheit gehören auch zum Plan Gottes. Der Wert des Leidens, welches durch die Krankheit verursacht wird, darf nicht verlorengehen. Ich bitte Sie, daß Sie während der Messe vom Heilungsdienst Abstand nehmen."

Und dann, mit einem Blick auf seine Uhr, fügte er hinzu: "Entschuldigen Sie, daß ich nicht an Ihrer Konferenz teilnehmen kann; aber der Zahnarzt wartet bereits seit einer halben Stunde auf mich." Ich antwortete ihm ganz einfach: "Aber, Monsignore, ist ihr Zahnschmerz in den Augen Gottes nicht auch ein wertvolles Leiden? Warum darf uns der Arzt, und nur der Arzt, heilen - Jesus aber nicht?"

Zum Abschluß möchte ich fragen: "Brauchen wir noch mehr Schmerz und Leid in der Welt? In dieser Welt, die schon jetzt von Leid überquillt? Brauchen wir in dieser Welt, in der es bereits ein Übermaß an Leiden gibt, noch einen größeren Anteil am Kreuz, oder brauchen wir nicht eher die Kraft des Kreuzes, die uns alle Früchte der Erlösung in Reichweite rückt?

Wir sollten das prophetische Wort, das sich auf Jesus bezog, nicht vergessen:

Doch der HERR lud auf ihn unsere Schuld; er trug unsere Krankheiten, und durch Seine Wunden sind wir geheilt (vgl. Jes 53, 4 - 5).

Beim Kongreß in Lourdes näherte sich mir ein Priester und meinte, nachdem er so viele Heilungen miterlebt hatte: "Mir scheint, daß es zu viele Heilungen gegeben hat."

Indem ich auf die lange Schlange derer, die Zeugnis geben wollten, hinwies, fragte ich ihn: "Welcher von diesen Geheilten sollte deiner Meinung nach nicht dabei sein?"

– Haben Sie schon Wunder jeder Art gesehen?

Ich glaube, wir haben sozusagen noch nichts gesehen. Der HERR stellt uns jeden Tag größere Überraschungen vor Augen:

Pfingsten beginnt erst. Wir werden noch größere Wunder erleben. Es kommt eine glorreiche Zeit, eine Zeit, wie es sie niemals vorher gegeben hat. Die Welt braucht Jesus mehr denn je; und er wird sich mit der ganzen Kraft des Heiligen Geistes offenbaren.

Am 19. Mai 1975 empfing Ralph Martin im Petersdom in Rom eine Prophezeiung folgenden Inhalts:

"Es kommt eine Epoche der Evangelisation, wie man sie niemals vorher in der Kirche erlebt hat."

Der Prophet Joel kündigte Zeichen am Himmel und Wunder auf der Erde an - und wir sehen sie:

Im März 1987 predigte ich gegen fünf Uhr nachmittags in Coatzacoalcos. Plötzlich bedeckte sich die Sonne mit einer Wolke, die bei ihrer Bewegung den Eindruck erweckte, als würde die Sonne tanzen. 15.000 Menschen sahen es. - Wie groß ist Gott!

In Monte María (México) bildeten die Wolken anläßlich des Christ-

Königs-Festes im Jahr 1984 am Himmel ein riesiges Kreuz; daneben bildeten sich dann noch zwei weitere Kreuze.

In Zaire predigte ich französisch; eine Frau, die nur den Lingala-Dialekt sprach, verstand jedoch jedes Wort.

Gott will uns durch Zeichen zeigen, daß ER lebt und Macht hat, die Welt zu retten. Wir werden noch größere Dinge sehen!

– Und wenn es eines Tages keine Heilungen mehr gäbe ?

Wenn es keine Heilungen mehr gäbe, wäre ich sehr beunruhigt und würde mich fragen, was bei mir nicht stimmt oder worin ich versage; denn der HERR kann nicht aufhören, seine Verheißungen wahr werden zu lassen. Er hat es uns nämlich versprochen, daß Zeichen und Wunder die Verkündigung des Evangeliums begleiten werden.

– Sind Sie auch auf Verfolgung und Ablehnung gestoßen ?

Ja! Ich wurde kritisiert, wobei die Kritik manchmal mit Ironie Hand in Hand ging - und das sogar von seiten der Priester. Gelegentlich wurde ich lächerlich gemacht - dies gehört jedoch zum Evangelisations-Dienst. Es gibt auch heute noch Bischöfe, die mit dem Einwand, daß dies Fanatismus sei, den Heilungsdienst nicht gestatten.

Der Heilungsdienst als Begleitung der Verkündigung stammt jedoch aus dem Herzen des Evangeliums. Was mich persönlich anbelangt, muß ich sagen, daß mich die Kritik nicht verletzt. Es schmerzt mich jedoch sehr, daß sich die Herzen der erbarmungsvollen Liebe Jesu, der sich durch Zeichen und Wunder offenbaren möchte, verschließen.

– Haben Sie, ehrwürdiger Pater, infolge Ihres Heilungsdienstes Schwierigkeiten in Ihrem Orden ?

Am Anfang meines Dienstes besuchte mich einmal ganz privat ein Mitbruder meines Ordens und gab mir folgenden Rat:

"Versuche, dich aus diesen Dingen herauszuhalten; denn bis jetzt waren wir ein ernstzunehmender Orden; aber mit diesen Dummheiten werden wir zum Gespött der ganzen Welt werden!"

Ich erwiderte ihm: "Ich höre damit nicht auf, denn ich sehe, wie Menschen als Frucht dieses Dienstes verwandelt werden. Niemals vorher war meine priesterliche Tätigkeit so fruchtbar."

Merkwürdigerweise hielt mir der Provinzial-Superior vor kurzem etwas anderes vor: "Wir hatten", sagte er, "ein Treffen der Provinzial-Superioren von Europa, und man beklagte sich, daß du in diesen Ländern häufig predigst, aber niemals erwähnst, daß du ein Missionar des 'Heiligsten Herzens Jesu' bist."

Darauf antwortete ich: "Ich sage es nicht, weil sich viele meiner Mitbrüder schämen, daß ich ein Charismatiker bin; und ich möchte nicht dem Ansehen meines Ordens schaden; jedoch bekenne ich jedesmal, daß ich dem Herzen Jesu angehöre."

Der General-Superior wandte sich eines Tages an mich mit den Worten: "Emiliano, ich möchte nicht, daß du mit den Bischöfen Probleme bekommst." - Darauf sagte ich ihm: "Lieber Mitbruder, ich habe mit niemandem Probleme; es gibt jedoch einige Menschen, die mit mir Probleme haben".

Gott sei Dank hat man mir nun die Freiheit gegeben, vollzeitlich in aller Welt zu predigen; und mein Terminkalender ist so voll, daß ich nicht einmal Zeit zum Kranksein habe.

– Welche Auswirkungen hat die Heilung im späteren Leben ?

Die geheilte Person braucht auf dem Weg ihrer weiteren geistigen Entwicklung Schutz und Begleitung. Es wäre ein Fehler, uns nicht weiter um sie zu kümmern.

Die Heilung bewirkt nicht Glauben, zieht den Glauben nicht nach sich; sie macht uns jedoch in einzigartiger Weise bereit, das WORT Gottes, das Glauben erweckt, aufzunehmen. Wenn wir diesen äußerst günstigen Augenblick nicht ausnützen, verlieren wir die beste Gelegenheit, dem Geheilten das Evangelium und Jesus nahezubringen. Es gibt Menschen, die eine beeindruckende Heilung erfahren haben, aber anschließend keine weitere Hilfe erhielten. Sie empfingen den Samen mit großer Freude, aber dann wurde der Same nicht weiter gepflegt, weder gedüngt noch bewässert, so daß er infolge mangelnder Sorgfalt schließlich zugrunde ging.

Die Heilung ersetzt nicht die evangelistische Weiterführung, sondern sie begleitet sie.

Im Oktober 1988 predigte ich zusammen mit Pater Jo Heglin, M.S.C., in fünf Ländern Afrikas. Eines darunter war Burkina Fasso, wo sich mehr als 400 Leiter der Erneuerungsbewegung während einer ganzen Woche zusammengefunden hatten. Jeden Abend, um sechs Uhr, gingen wir alle zu einer Messe, die vor der Kathedrale gefeiert wurde. Auch zahlreiche Mohammedaner nahmen an ihr teil. Sie glauben zwar an Gott, aber Jesus Christus halten sie nur für einen Propheten - unter vielen anderen. Eine Heilung, die auf mich einen starken Eindruck machte, war die einer etwa 45-jährigen Mohammedanerin, die rechtsseitig gelähmt war. Eine ihrer Freundinnen hatte sie zum Heilungsgottesdienst mit den Worten eingeladen: "Gestern wurden viele Kranke geheilt; komm doch mit uns!" - Die Frau ging mit, und der HERR heilte sie während des Gebetes für die Kranken.

Während der Meßfeier zum Abschluß des Treffens gab sie dann vor Tausenden Menschen ihr Zeugnis: "Öffnet euere Herzen für Jesus; denn Jesus lebt! Ich kann es bezeugen.

Meine rechte Körperseite war gelähmt. Ich suchte in vielen Krankenhäusern Hilfe; aber niemand konnte mir helfen. Da nahm mich am Dienstag abend eine Freundin zur Heilungsmesse mit. Obwohl ich eine Mohammedanerin bin, heilte mich JESUS. Von heute an möchte ich eine Christin sein. Mein Name war Zenabo; jetzt will ich Catalina heißen."

In wenigen Minuten überzeugte sie der Heilige Geist, daß Jesus der Messias und Heiland ist und daß uns kein anderer Name gegeben ist, durch den wir gerettet werden können.

Was nach einer Heilung geschieht, ist jedesmal wunderbar. Die Heilung wirkt gewöhnlich wie eine Explosion, welche eine Kettenreaktion auslöst, so daß nicht nur die betreffende Person, sondern auch die Menschen ihrer Umgebung verändert werden. Dies zeigt das folgende Zeugnis:

Guadalajara, Jal, am 11. Oktober 1984
Ich heiße María Guadalupe López de Preciado. - Mein Mann ist Reporter der Zeitung "El Occidental". - Wir sind dreizehn Jahre verheiratet und haben einen Sohn und eine Tochter. Wir möchten durch dieses Zeugnis Gott loben, preisen und verherrlichen, denn obwohl wir ihn fast vergessen hatten, hat ER in unserem Leben Wunder getan.
Am 3. Juli 1984 brachten wir unsere Tochter Claudia in die Klinik 14 der Sozialversicherung, damit man an ihr wegen eines vermuteten Bruches einen Eingriff vornehme. Am nächsten Tag kamen wir zu früher Stunde wieder, um unsere Tochter zu besuchen und uns über

ihren Gesundheitszustand zu erkundigen. Es wunderte uns sehr, als wir über dem Kopfteil ihres Bettes eine Anweisung für eine radiographische Untersuchung vorfanden; denn dies ist nicht normal, noch viel weniger üblich bei frisch operierten Patienten. Der Arzt, der Pessimismus ausstrahlte, teilte uns mit, daß Claudia vermutlich Krebs habe. Man habe an ihr eine Biopsie vorgenommen, deren Ergebnis nächste Woche vorliegen werde. Bei positivem Ergebnis müßte man sie unverzüglich nochmals operieren.

Mit großer Besorgnis warteten wir am 11. Juli - um die Mittagszeit - auf das Ergebnis der Biopsie. Dr. Barragán, der Facharzt, teilte uns mit, daß das Mädchen tatsächlich Krebs im inoperablen Stadium habe. Aus dem Ergebnis der Biopsie folgerte man, daß es sich um ein abdominales Neuroblastom handelt, Stufe III (inoperabel); zwei Geschwüre breiteten sich fast über den ganzen abdomen aus. Nur noch ein Wunder konnte unsere Tochter retten.

Später wurde Claudia in ein anderes Krankenhaus, und zwar in die Onkologie-Abteilung, überführt. Der Arzt Dr. Juan Arroyo, der Chef-Arzt der Abteilung, bestätigte uns den Ernst der Krankheit.

Wir wandten uns dann an eine Gebetsgruppe, damit man für ihre Heilung bete; und auch wir hörten nicht auf, für sie zu beten. Der HERR schenkte uns dann die Gnade, an der heiligen Messe, die Pater Emiliano Tardif am 26. Juni um 17.00 Uhr im Auditorium feierte, teilzunehmen. Obwohl es recht schwierig war, uns Eingang zu verschaffen, gelang es uns schließlich doch.

Es war eine Feier, in welcher der HERR verschiedenen Personen innere oder äußere Heilung schenkte. Der Pater erwähnte Personen, die gerade geheilt wurden; aber in unserer Verzweiflung hörten wir nichts, was sich auf unsere Tochter hätte beziehen können. - Am Ende der Meßfeier stürmten wir beide, Mutter und Tochter, zu Pater Tardif hin, und mit Tränen in den Augen flehte ich: "Pater, meine Tochter hat unheilbaren Krebs; und wenn sie stirbt, will auch ich sterben!"

Mit ruhiger und friedlicher Stimme antwortete der Pater: "Weinen Sie nicht. Ihre Tochter wird im Namen des HERRN gesund werden." - Nach diesen Worten legte er seine Hand auf Claudias Kopf und betete ungefähr fünf Sekunden lang.

Nun sind drei Monate vergangen. Die Chemotherapie und Radiotherapie riefen bei meiner Tochter keine negativen Reaktionen hervor. Wir fügen Fotokopien der Untersuchungsprotokolle unserer

Tochter bei. - Auf einem dieser Protokolle, mit dem Datum vom 12. November, heißt es wörtlich: "Die Geschwüre sind verschwunden. Die Patientin wird entlassen."

Nach diesem Wunder des HERRN hat sich vieles in unserem Leben geändert: unser Zusammenleben ist enger geworden, und viele unserer Familienmitglieder haben sich Gebetsgruppen angeschlossen. Wir selbst nehmen am "Seminario de Vida en el Espíritu" (Seminar des Lebens im Heiligen Geist) teil.

Wir geben dieses Zeugnis zum Ruhm und Lobe des HERRN, der sich in Jesus, der auferstanden ist und lebt, offenbart. ER liebt uns und sieht uns mit Augen des Mitleids und der Barmherzigkeit an.

– Gibt es eine Methode oder eine bestimmte Richtung, der Sie folgen?

Methode, im eigentlichen Sinn, nein. Ich verkündige immer zuerst Jesus und stärke und belebe dann den Glauben. Anschließend bete ich um Heilung von der Sünde durch Bekehrung, und dann erst bete ich um Heilung von körperlichen Krankheiten.

In nicht einem einzigen Freizeittreffen gab es keine sinnlich wahrnehmbaren Heilungen. Dies bedeutet jedoch nicht, daß alle Kranken geheilt wurden. Die Wunder sind Zeichen der Macht Gottes; sie zeigen uns, daß Jesus lebt, und sie dienen dem Wachstum unseres Glaubens. Gott möchte, daß wir nicht nur gesund, sondern völlig gesund sind: gesund an Körper und Seele, aber auch gesund in unseren zwischenmenschlichen Beziehungen.

– Welchen Rat würden Sie jenen Personen geben, die im Heilungsdienst tätig sind?

Mein Rat: sie sollen nicht nur um Heilung, sondern vor allem auch für die Evangelisation beten. Wir sollen nicht gleich mit dem Gebet um physische Heilung beginnen, ohne uns vorher um das geistige Leben des Kranken gekümmert zu haben. Wenn die Kranken bekennen, daß sie sehr weit von Gott entfernt sind, sollen wir ihnen dazu verhelfen, daß sie ihre Sünden bereuen und Buße tun.

Der Fall des Gelähmten im WORT GOTTES (Mk 2, 5) ist für die Arbeit auf diesem Gebiet charakteristisch: ihm wurden zuerst die Sünden vergeben, und dann erst wurde er geheilt.

Wenn wir nur um physische Heilung beten und uns um die Bekehrung des Kranken nicht kümmern würden, wären wir wie ein Tierarzt, der nur den Körper behandelt. Wir müssen uns auch um Vergebung und "innere Heilung" bemühen. Wenn sich der Heilungsdienst nur auf die Heilung des Körpers beschränken würde, ohne den Glauben der Heilungssuchenden zu stärken, dann wäre - meiner Meinung nach - der Besitz dieses Charismas nicht von so großer Bedeutung wie im anderen Fall.

– Man sagt, daß Sie sehr wichtige Personen in allen Bereichen kennen: Könige, Präsidenten und Kardinäle hätten Sie schon um Ihre Fürbitte gebeten und Sie zu Tisch geladen.
Welches ist die bedeutendste Person, die Sie persönlich kennen?

Für mich ist die wichtigste Person JESUS. Aber ungeachtet dessen - wir alle sind wichtig, weil wir Kinder Gottes sind. Es gibt in dieser Welt keinen höheren Titel als den Titel: Kind Gottes.
Jeder Mensch ist so wertvoll, daß Jesus sein Leben für ihn gab. Wir alle sind um den Preis des kostbaren Blutes Jesu erkauft.
Alle Menschen, denen ich begegne, sind wichtig; aber der wichtigste von allen ist Jesus, der HERR aller HERREN!

– Ja, Pater, aber wir möchten etwas über eine lebende Person hören....

Jesus ist lebendig! - Seitdem er am dritten Tag aus dem Grab auferstand, lebt er und wird niemals mehr sterben. Und nicht nur das: Er hat Leben und gibt es allen, die an Seinen Namen glauben.
Auch Sie können IHN kennenlernen. Er klopft an die Tür Ihres Herzens. Wenn Sie seine Stimme hören und die Tür öffnen, wird ER eintreten und Sie an den Tisch des Hochzeitmahles setzen ...

– Welche Botschaft verbreitet Emiliano Tardif?

Ich predige immer nur, daß Jesus der einzige Messias ist und daß wir auf keinen anderen warten sollen. Der wesentliche Inhalt meiner Predigt besteht darin, aufzuzeigen, daß Jesus in seiner Kirche lebt - auch heute!
Immer wieder kommt mir der Gedanke, daß ich weniger reden sollte, da es mir immer mehr bewußt wird, daß es im Grunde hauptsächlich darauf ankommt, daß wir Zeugen sind; Zeugen von dem, was wir gesehen und gehört haben. Jeden Tag verstehe ich besser, daß von

Jesus zu reden nicht das ist, worauf es eigentlich ankommt; IHN mit der ganzen KRAFT des Heiligen Geistes wirken zu lassen, das ist es, worauf es hauptsächlich ankommt.

— *Zu guter Letzt: In Anbetracht der großen Bedeutung der Gabe der Heilung und der Tatsache, daß so viele Menschen an der Eucharistie-Feier teilnehmen, wenn für Kranke gebetet wird, entsteht die Frage, was möchte uns Gott durch diese Zeichen sagen?*

Durch diese Zeichen will uns Gott seinen totalen S i e g offenbaren. Jesus kam, um uns von der Sünde zu befreien; es gibt jedoch auch Folgen der Sünde, wie zum Beispiel die Krankheit und den Tod.
Jesus gibt uns Zeichen seines Sieges über die Sünde, indem er Kranke heilt und Tote auferweckt.
Jesus stand glorreich aus dem Grabe auf, und dies ist das endgültige Zeichen seines Sieges über den Tod; denn der Tod kam - nach Aussage des Apostels Paulus (Röm 5, 12) - infolge der Sünde in die Welt. Für mich ist es ganz klar, daß jede Heilung ein sichtbares Zeichen des Sieges von Jesus Christus ist. Sie ist aber auch eine Offenbarung der Liebe Gottes. Man sollte da an die Worte denken, die Jesus zu dem Gelähmten sprach: "Deine Sünden sind dir vergeben." Dann fügte er hinzu: "Damit sie erkennen, daß der Menschensohn die Vollmacht hat, hier auf der Erde Sünden zu vergeben, sage ich dir: Steh auf, nimm deine Tragbahre, und geh nach Hause!" (vgl. Mk 2, 9 - 11).

Für mich ist dies die deutlichste Stelle, um den Sinn der Heilung zu erklären; der Sinn der Heilung ist: den Sieg Jesu über die Sünde aufzuzeigen und anschaulich zu machen.
Jesus hat Macht, Sünden zu vergeben, und deshalb hat ER auch Macht, die Folgen der Sünde zu beseitigen.
Alle erwähnten Zeichen wiederholen immer ein und dasselbe: JESUS ist der Messias und der Heiland dieser Welt - und wir brauchen keinen anderen zu suchen. Dieser Messias lebt heute und gibt denen Leben, die an IHN glauben.

Abschließende Bemerkung

Ich möchte dieses Kapitel "Interview" mit einem Bericht über ein Erlebnis im Zusammenhang mit einer Zeitschrift abschließen:

Ein Journalist der französischen Wochenzeitschrift V.S.D. (Vendredi, Samedi, Dimanche) bat mich einmal für seine Zeitschrift, die eine Auflage von 400.000 Exemplaren hat, um ein Gespräch.
Er selbst sagte von sich, daß er in die Rolle eines Detektivs schlüpfen und zwei Monate lang Himmel, Meer und Erde durchpflügen mußte, bis er Pater Tardif endlich per Telefon ausfindig machen und einen Termin für ein Gespräch mit ihm vereinbaren konnte. Er suche - so sagte er - nach einer Antwort auf die Fragen so vieler Leser seiner Zeitschrift, die mehr über Pater Tardif erfahren wollten.
Dann berichtet er in seiner Wochenzeitschrift von seiner Reise in die Karibik und schließlich von seiner Überfahrt nach Sabaneta:

"Eine weiße Kirche und eine Handvoll rosa und türkis getünchter, kleiner Häuschen, hingestreut am Hang eines grünen Berges ...; und gerade deshalb, weil dieser Weiler so gottverlassen auf Erden ist, sucht ihn Pater Tardif auf, damit die Menschen dort nicht auf den Himmel verzichten müßten."

Dann kommt ein Foto: Pater Tardif sitzt lächelnd auf einem Esel, der auf einem Weg der karibischen Insel dahintrottet; darunter folgender Text: "Auf dem Rücken eines Esels evangelisiert Pater Tardif die Bauern." Kurz nach dem Erscheinen dieser Reportage fuhr ich nach Paris. Dort gaben mir einige Leute zu verstehen, daß sie sehr verwundert seien, daß ich einem Reporter der genannten Zeitschrift ein Interview gewährt habe; dies sei keine religiöse Zeitschrift; sie behandle vielmehr meist oberflächliche und freizügige Themen.
Diese Leute fanden es anstößig, mein Foto inmitten hochgestellter Persönlichkeiten der Wohlstandsgesellschaft zu sehen - noch dazu eingerahmt von wenig christlichen Artikeln. - Ich gab auf ihre Kritik keine Antwort; aber ich dachte, wenn Jesus bei Zöllnern eingekehrt war und ihm Prostituierte nachfolgten, dann gäbe es auch für mich keinen Grund, solche Situationen zu fürchten.
Ein Jahr danach predigte ich in Straßburg und mußte anschließend nach Dijon. Rogelio, ein Mitglied der Kommunität "Der Brunnen Jakobs" machte mir den Vorschlag, mich in seinem Auto hinzubringen. Unterwegs fragte ich ihn, wie er zum HERRN gekommen sei; und er erzählte mir seine Lebensgeschichte. Er sei viele Jahre dem Glauben entfremdet gewesen und habe auch keinen Kontakt mit der Kirche gehabt.Dann fuhr er fort:

Aber an einem Wochenende kaufte ich die Zeitschrift V.S.D. - Dort fand ich den Artikel eines Priesters, der eigenartigerweise genauso wie Sie hieß, nämlich Tardif. Der Artikel weckte mein Interesse; denn es war darin die Rede von einem wundertätigen Gott, den ich nicht kannte. Die Lektüre dieses Artikels erregte dermaßen meine Neugier, daß ich mich erkundigte, wo es eine Gruppe der Erneuerungsbewegung gebe. Nachdem ich mich ihr angeschlossen hatte, nahm ich an einem Kurs teil, bei dem ich eine persönliche Begegnung mit Jesus hatte; dadurch veränderte sich mein Leben. Dort lernte ich jenen Gott kennen, der mich liebt und mir volle Vergebung schenkt. Ich tat Buße und öffnete ihm die Tür meines Herzens, damit er eintrete und rette, was verloren war. Dann beichtete ich, und nun bin ich ein anderer Mensch.

Daraufhin klärte ich ihn auf:

- Dieser Pater Tardif der Zeitschrift V.S.D. bin ich ...
- "Wie? Sie sind ein Dominikaner aus der Dominikanischen Republik?" fragte er ganz erstaunt.
- Dem Herzen nach ja, aber ich bin in Kanada geboren.

Dann dankten wir Gott, der sich aller Mittel, selbst derartiger Zeitschriften, bedient, um seine Söhne an sich zu ziehen, damit sie die wahre Liebe kennenlernen und nicht Wasser aus löchrigen Brunnen holen - sondern es aus dem wahren Brunnen des "lebendigen Wassers" schöpfen.

Wenn ich mein Zeugnis in den "Annalen zur Verbreitung des Glaubens" veröffentlicht hätte, wäre Rogelio niemals dem HERRN begegnet; denn dies war nicht die Zeitschrift, die er normalerweise zu seiner Unterhaltung zu kaufen pflegte. Wie groß ist unser HERR! Seine Wege sind nicht unsere Wege, und Seine Gedanken sind nicht unsere Gedanken!

Sein Maßstab ist nicht unser Maßstab, und Sein Urteil ist nicht unser Urteil!

5. Die Neue Evangelisation

In der letzten Zeit spricht der Heilige Vater unermüdlich von der Evangelisation. Seit seinem ersten Besuch 1983 in Haiti, wo er davon zum erstenmal sprach, hat er dieses Thema immer wieder aufgegriffen. Er versäumt bei fast keiner Gelegenheit, darauf einzugehen.

Der Papst gibt drei Punkte an, nach denen sich die Evangelisation ausrichten soll:

Neu in ihrem Eifer
Neu in ihren Methoden
Neu in ihren Ausdrucksformen

Ich möchte darauf hinweisen, daß aber, was ihren Inhalt anbelangt, die Evangelisation nicht neu ist. Sie kann in dieser Hinsicht nichts Neues bringen. Es existiert kein anderes als das von Jesus selbst verkündigte Evangelium, das von den Aposteln wiederholt und weitergegeben wurde: Jesus ist der einzige Erlöser! Es gibt keinen anderen Mittler zwischen Gott und den Menschen!

Das Evangelium ist die Person Jesu Christi. Die "Gute Nachricht" ist in dem Satz enthalten: "Denn Gott hat die Welt so sehr geliebt, daß er seinen einzigen Sohn hingab, damit jeder, der an ihn glaubt, nicht zugrunde geht, sondern das ewige Leben hat" (Joh 3, 16).

Das Evangelium ist nicht Etwas, sondern J E M A N D: - nämlich Jesus, der sein Leben für uns gab, aber am dritten Tag von den Toten auferstand und lebt, und auch niemals mehr sterben wird.

ER selbst ist also die Botschaft der großen Liebe Gottes für uns. Als wir noch Sünder waren, lieferte Gott seinen Sohn dem Tode aus, damit jeder, der an ihn glaubt, Leben erhält. Die "Frohe Botschaft", welche uns in allen Situationen und Lebenslagen Hoffnung schenkt, lautet: Der Tod ist durch Jesu Auferstehung besiegt.

Wenn Jesus keine einzige Rede gehalten oder die Evangelisten keine ihrer Lehren schriftlich aufgezeichnet hätten, wäre der eigentliche Wert, das Wesentliche der Botschaft, keinesfalls geringer geworden. ER, Jesus, ist das WORT, und sein Leben ist die fundamentale und wichtigste Botschaft.

Das Evangelium ist noch immer dasselbe und wird es auch für alle Zukunft bleiben. Selbst, wenn ein Engel vom Himmel käme und würde ein anderes Evangelium verkünden, der sei verflucht -

entsprechend der scharfen Ausdrucksweise des Apostels Paulus (Gal 1, 7 - 9); denn es wäre ein falscher Engel. So brauchen wir also kein neues Evangelium, sondern eine neue Evangelisation.

Nun wollen wir sehen ,was der Begriff " n e u " in der Evangelisation bedeutet:

A. Neu in ihrem Feuer

Niemand kann Eifer, inneres Feuer, für die Evangelisation aufbringen, wenn er nicht vorher eine Begegnung mit Jesus, und zwar von Angesicht zu Angesicht, gehabt hat; brennen aber können wir nur, wenn wir dem GEISTFEUER des auferweckten Christus nahe sind. Das Herz der Jünger, die nach Emmaus unterwegs waren, brannte, als ihnen Jesus persönlich die Schriftstellen erklärte; deshalb kehrten sie ganz eilends nach Jerusalem zurück, um dort von dem, was ihnen unterwegs widerfahren war, Zeugnis zu geben.

Ein grundlegender, fundamentaler Bestandteil der Evangelisation ist der brennende Eifer. Möge uns die Einsatzfreude für das HAUS des HERRN verzehren! Mögen wir, ähnlich wie Petrus und Johannes, nicht aufhören können, von dem zu sprechen, was wir gesehen und gehört haben! Möge, wie bei Jeremia, ein verzehrendes Feuer in unseren Knochen brennen, das uns dazu antreibt, jederzeit - zur Zeit wie auch zur Unzeit - zu evangelisieren.

Um den Eifer zu erneuern, müssen wir wieder zur ersten Liebe zurückkehren; denn sie war es, die unsere Herzen in Brand setzte, und sie bewirkte, daß wir uns Jesus bedingungslos auslieferten. Nur dann werden wir bereit sein, unserer prophetischen Mission, möge sie uns noch so schwierig und bitter erscheinen, nachzukommen und sie zu erfüllen. Wenn unser Herz aus Liebe zu Christus brennt, wird unser Mund auch die Botschaft der Erlösung verkünden, und unser Leben wird ein Abglanz Seines Lebens sein.

Der Prediger von heute sollte nicht so sehr Theorien und Doktrinen über Jesus in seinem Kopf, als vielmehr Jesus in seinem Herzen haben. Deshalb schrieb Papst Paul VI. in dem Rundschreiben "Über die Evangelisierung in der Welt heute":

"Der heutige Mensch hört lieber auf Zeugen als auf Gelehrte, und wenn er auf Gelehrte hört, dann deshalb, weil sie Zeugen sind" (EN 41).

Die Welt braucht heute Evangelisten, brennend vom Feuer des GEISTES; sie braucht Zeugen, die nicht bloß wiederholen, was sie gelesen oder studiert haben, sondern die nicht aufhören können, von dem zu reden, was sie gesehen und gehört haben; sie braucht Evangelisten, denen man es anmerkt, daß sie voll des Heiligen Geistes sind.

Nachdem zwei Seminaristen an einem Freizeittreffen der Charismatischen Erneuerungsbewegung teilgenommen hatten, kehrten sie so glücklich ins Seminar zurück, daß sie sofort den Seminarleiter aufsuchten und ihm alles, was sie erlebt hatten, erzählten. Der Rektor musterte sie ein wenig mißtrauisch, hörte ihnen jedoch aufmerksam und taktvoll zu.

Den nötigen Respekt außer acht lassend, wandte sich plötzlich einer der Seminaristen an den Rektor: "Monsignore, möchten Sie nicht, daß wir jetzt gleich für Sie beten, damit Sie den Heiligen Geist empfangen?"

Ein wenig verärgert antwortete ihnen der Rektor: "Den Heiligen Geist habe ich schon bei der Taufe empfangen; dann am Tage meiner Firmung und schließlich am Tage meiner Priesterweihe, außerdem noch ..."

Nach einigen Augenblicken spannungsvollen Schweigens mischte sich der andere Seminarist in das Gespräch ein: "Könnten wir dann, Monsignore, nicht darum beten, daß man es Ihnen auch anmerkt ...?"

Die Begeisterung für das Evangelium entzündet während unserer apostolischen Tätigkeit in unseren Herzen einen Brand, der so stark ist, daß wir trotz der vielen Arbeit die Mühe vergessen; denn es gibt etwas Stärkeres: die L I E B E.

Ende des Jahres 1984 hielt ich mich, nachdem ich einen ganzen Monat lang in Quebec (Kanada) gepredigt hatte, in Frankreich auf. Von da fuhr ich nach Holland, wo ich das Evangelium in Eindthoven und Rotterdam verkündigte.

Außer der intensiven und anstrengenden Arbeit gab es dort noch die zusätzliche Schwierigkeit der Simultan-Übersetzung. Ich war ziemlich ermüdet, und die ungewohnte Kälte setzte mir so sehr zu, daß meine Gedanken zu meinem Häuschen in La Romana wanderten, wobei die Vorstellung des angenehm warmen Klimas der Karibik, meiner ruhigen Pfarrei in Meeresnähe und noch manches andere, meine Fantasie beflügelte. Während des Morgengebetes schenkte mir der HERR ein Wort aus den Schriften der heiligen "Kleinen Theresa":

"Wenn einmal die Liebe erkalten sollte, dann werden die Apostel aufhören, das Evangelium zu predigen."

Ich verstand die Lektion und sagte mir: "Emiliano, bemitleide dich doch nicht wegen der vielen Arbeit, die es noch gibt ..."

Nach einem Evangelisationsfeldzug in Paraguay beendeten wir das Treffen mit einer Meßfeier auf dem großen Sportplatz des Seminars. Man schätzte die Besucherzahl auf mehr als zwanzigtausend.

Die ganze Eucharistie-Feier wurde im Fernsehen übertragen, und zahlreiche Menschen konnten so die Heilungen, die der HERR schenkte, gleichzeitig mit uns sehen und die lebendigen Heilungszeugnisse, wie z.B. das folgende des Doktors Jaleano Duarte aus Caacupé, hören:

Im Heilungsgottesdienst am letzten Mittwoch zeigte ich den in der Versammlung Anwesenden die Krücken, die ich nicht mehr brauche, da ich ohne sie gehen kann. Früher, wenn Besucher kamen, um für mich zu beten, erklärte ich ihnen, daß ich keine Eile habe, da Gott für jeden Menschen Seine Zeit hat. Am Mittwoch war nun meine Stunde, und da hat ER mich geheilt.

Inzwischen bin ich schon durch die Straßen von Asunción zu Fuß spaziert, und ich spüre, daß meine Beine immer stärker werden. Ich bin sehr glücklich, daß ich gehen kann. Aufgrund des Urteils der Ärzte dachte ich, daß ich den Rest meines Lebens mit Krücken werde laufen müssen. Ich konnte ja ohne sie keinen einzigen Schritt tun. Nun bin ich wieder gesund; deshalb sage ich: "Preis dem HERRN!"

Am nächsten Tag kehrten wir über Miami nach Santo Domingo zurück. Als wir zum Flugzeug kamen, erkannte man uns und bot uns Plätze in der ersten Klasse an. Da wir Flugkarten nur für die Touristenklasse gekauft hatten, nahmen wir das freundliche Angebot dankbar an.

Nach dem Start kam der Co-Pilot zu mir und fragte, ob er mit mir sprechen und ich für ihn beten könnte. Ich tat es etwas schneller als gewöhnlich, damit er wieder seinen Dienstverpflichtungen nachgehen konnte; nicht zuletzt aber auch deshalb, damit ich ein wenig zur Ruhe komme ...

Nachdem ich das Gebet beendet hatte, kam der für die Kabine verantwortliche Angestellte näher und sprach mich an: "Ich habe gestern die Heilungszeugnisse im Fernsehen mitbekommen. Könnten

Sie mit mir beten?" - Da kam mir plötzlich der Gedanke: "Ich werde hier wohl noch ein weiteres Freizeittreffen veranstalten müssen!" Ungeachtet der Umstände sprachen und beteten wir dann aber doch zusammen. Nachdem er aufgestanden war, verabschiedete er sich mit den Worten: "Pater, die Stewardessen möchten für ihr Leben gern mit ihnen sprechen." Ich erwiderte: "Sie mögen kommen." "Sie können aber nicht alle kommen und hier in der ersten Klasse Platz nehmen", wandte er ein. - "Was machen wir dann?" fragte ich. "Wo kann ich mit ihnen sprechen?"

"Wenn Sie damit einverstanden sind, Pater", machte er den Vorschlag, "könnten Sie in die Küche des Flugzeuges kommen."

Ich stand von meinem bequemen Erste-Klasse-Lehnstuhl auf und begab mich in die Flugzeugküche. Man schloß die Küchentür und plazierte mich auf einen Schemel - der war aus Blech, und ich hatte kaum darauf Platz; außerdem war er so hoch, daß meine Beine herunterbaumelten.

Die erste Stewardeß begann: "Gestern abend nahm ich an der Eucharistie-Feier teil und hätte riesig gerne mit Ihnen gesprochen ..."

Eine andere erzählte, daß sie die Meßfeier im Fernsehen mitverfolgt habe, und äußerte den Wunsch nach geistiger Führung.

So wechselten sich alle ab - auch in ihren dienstlichen Aufgaben –, so daß ich mit jeder von ihnen beten konnte.

Auf meinem Sitzplatz, auf dem ich mich länger als eine Stunde abgequält hatte, konnte ich es mir leider nicht bequem machen; aber ich lachte darüber, daß ich - indem ich den Platz in der ersten Klasse angenommen hatte - so hereingefallen war.

Nachdem ich wieder zu meinem Platz zurückgekehrt war, sagte ich zu meinem Begleiter: "Danken wir Gott, daß wenigstens der Pilot nicht auch auf den Gedanken kam, mich um ein Interview zu bitten."

Wenn man Jesus leidenschaftlich liebt, kann man immer, in jeder Lage und unter allen Umständen, evangelisieren; dabei bleibt einem zuweilen nicht einmal Zeit zum Ausruhen. Wenn wir jedoch im HERRN ruhen, dann sieht man alles mit anderen Augen an.

B. Neu in ihrer Methode: Kerygma und Katechese

Die Methode ist der pädagogische Weg, um das Evangelium zu verkünden. Die "Frohe Botschaft" ist in einem geordneten System mit wohldefinierten und klaren Abschnitten zusammengefaßt. Im integralen Prozeß der Evangelisation können und müssen wir ganz klar zwei Gesichtspunkte beziehungsweise Sichtweisen unterscheiden. Obwohl miteinander verbunden und voneinander abhängig, sind sie trotzdem verschieden.

- Das Kerygma, welches die Verkündigung der Person Jesu ist
- Die Katechese, welche die Weitergabe des Glaubensschatzes, das heißt der Gesamtheit des Glaubens, ist

Wenn wir die sechs kerygmatischen Abhandlungen aus der Apostelgeschichte herausgreifen (Apg 2, 14 - 39; 3, 12 - 26; 4, 9 - 12 und 20; 5, 29 - 32; 10, 34 - 43; 13, 16 - 41), werden wir erkennen, daß das Kerygma sich von der Katechese unterscheidet.

Das Kerygma, die "Erste Verkündigung", ist die Basis unseres Glaubens und hat als Zentrum die Verkündigung, die Jesus betrifft, einschließlich der drei wichtigsten Ereignisse in seinem Leben: Tod, Auferstehung und Verherrlichung; auch seine drei Namen, die kostbarsten unter seinen kostbaren Namen - Erlöser, HERR und Messias - gehören dazu.

Es handelt sich hier also nicht um eine mit dem Verstand begreifbare Doktrin, sondern um eine Person, welche im Glauben, und zwar ganz frei, angenommen werden muß.

Beim Kerygma spricht man nicht von Etwas, sondern von Jemandem. Die unersetzliche Basis des Christentums ist Jesus Christus. Ohne diese Basis wäre jedes Gebäude, das man über ihr errichtet (sei es Katechese, Moral oder Theologie), auf Sand gebaut. Zu den ersten, ursprünglichen Definitionen des Christentums zählen weder Philosophie noch Doktrin noch Lehre, sondern das "Leben" (Apg 5, 20).

Das Kerygma führt uns zu einer persönlichen Begegnung mit dem auferstandenen Christus wie auch zu einer Erfahrung der Erlösung, welche aus uns, aufgrund des Glaubens und der Bekehrung, eine neue Kreatur (Schöpfung) macht. Unser großer methodischer Fehler bei der evangelistischen Pastoral besteht darin, daß wir beharrlich dabei bleiben und nicht davon abgehen, jene Menschen, die noch nicht wiedergeboren sind, eindringlich zu belehren und katechetisch zu betreuen.

Anläßlich einer Predigttour in Ägypten besuchten wir auch die eindrucksvollen, gewaltigen Pyramiden. Dort erzählte man uns, daß man dem Verstorbenen für die Jenseitsreise auserlesene Gerichte mit ins Grab gab. Leider vergeudete man auf diese Weise köstliche Speisen, da der Tote nicht einmal ihren Geschmack feststellen konnte. Dasselbe geschieht, wenn wir die köstliche Speise der Doktrin, der Moral oder der Orthodoxie denen, die noch tot sind, reichen; jenen Menschen, die noch nicht die Erfahrung des Lebens in Fülle gemacht haben; jenes Lebens, das uns Jesus mit seinem Kommen auf die Erde gebracht hat.

Deshalb weckte Jesus, nachdem er das Haus des Jairus, dessen zwölfjährige Tochter soeben gestorben war, betreten hatte, zuerst das tote Mädchen auf; und erst dann forderte er die Eltern auf, daß sie ihrer Tochter Speise bringen. Es gibt Leute, die der Ansicht sind, daß "Tote" lebendig werden, wenn man ihnen Speise anbietet - aber das stimmt nicht.

Oftmals ist unsere Lehre perfekt, aber man setzt etwas voraus, was in Wirklichkeit meist nicht vorhanden ist.

Es gab einmal einen sehr aktiven und dynamischen Priester, der großen Gefallen daran fand, die Liturgie mit außergewöhnlicher Sorgfalt vorzubereiten. Da er aber alles allein machen wollte, vergaß er immer irgendeine Kleinigkeit.

Eines Tages organisierte er eine Prozession mit dem Allerheiligsten. Er hatte dabei mit äußerster Sorgfalt an alles gedacht: den Chor, die Ministranten, die Lieder, die Kerzen, den Weihrauch, die wohlgeordnete Reihenfolge und so weiter.

Pünktlich begann die Zeremonie: die Orgel spielte, die Menge sang, und alles verlief ganz ordnungsgemäß, wie vorbedacht, während der süßliche Duft des Weihrauchs einen Hauch von Feierlichkeit und Andacht verbreitete. Mit einem Regenumhang über den Schultern, unter dem Baldachin, der von vier herausgeputzten Ministranten gehalten wurde, dahinschreitend, hielt der Priester die Monstranz mit großer Ehrfurcht in die Höhe.

Kurz vor Beendigung der Prozession kam ein Ministrant herbeigelaufen und wollte unbedingt den Pfarrer sprechen. Der Pfarrer jedoch wies ihn zurück, weil das in seinem Organisationsplan nicht vorgesehen war. Da der Ministrant jedoch nicht locker ließ, fragte er schließlich, was denn los sei. - "Herr Pfarrer", flüsterte der Ministrant, "Sie haben vergessen, die Hostie in die Monstranz zu tun...!"

Der Pfarrer senkte, um nachzusehen, die Monstranz und bemerkte, daß er sie tatsächlich vergessen hatte. Mit lauter Stimme, da er den Ärger nicht unterdrücken konnte, rief er aus: "Immer wieder vergesse ich ein kleines Detail ...!"

Manchmal haben wir alles gut organisiert; unser pastorales Schema ist ausgezeichnet, unsere Pläne sind glänzend ausgearbeitet, alles ist perfekt ... , nur das "kleine Detail" haben wir vergessen ...!

Im Jahr 1985 sprachen wir über dieses Thema mit einer Gruppe japanischer Missionare. Einer von ihnen äußerte sich dazu folgendermaßen: "Dieser Aspekt spielt bei der Evangelisation in unseren Ländern eine entscheidende Rolle. Wenn wir den Gottesdienstbesuchern nicht zuerst mit dem Kerygma kommen, sind wir dazu verurteilt, uns mit äußerst dürftigen Resultaten zufriedenzugeben."

Dann bekannte der emeritierte Bischof von Fukuoka: "Wir haben unsere Strukturen mit großer Sorgfalt aufgebaut; aber manchmal haben wir vergessen, die bezaubernde Gestalt von Jesus ins rechte Licht zu rücken."

Die Katechese, wenn sie reiche Frucht bringen soll, muß an ihrem, das heißt dem richtigen Platz stehen: immer n a c h der kerygmatischen Verkündigung.

Damit ein Lebewesen wachsen kann, muß es vorher geboren werden. Das "Neue Leben" wird geboren, wenn wir auf die Botschaft der Erlösung mit Glauben und Bekehrung antworten.

Die Katechese schließt weder Kerygma ein noch ersetzt sie es. Sie setzt es voraus. Katechese zu betreiben, ohne vorher mit dem Kerygma bekanntgemacht zu haben, bedeutet soviel wie das "kleine Detail" vergessen.

Die Information durch die Katechese genügt nicht; es ist notwendig, daß der Heilige Geist das Bild Jesu in uns modelliert und formt.

Leider vergessen wir manchmal bei der christlichen Unterweisung das "kleine Detail", welches zum Eckstein des christlichen Lebens geworden ist. In der katholischen Kirche haben wir den Reichtum eines gewaltigen Glaubensschatzes, die Lehre der Apostel, das Lehramt der Kirche, das sakramentale Leben und so weiter; aber dies alles ruht auf einer Basis: der Person von JESUS, der gestorben und von den Toten auferstanden ist. ER ist der Eckstein, über dem sich das ganze Gebäude erhebt, und der es zusammenhält.

Wenn wir nicht auf diesem Felsen bauen, wird beim kleinsten Unwetter oder Sturm das Gebäude einstürzen, und der Trümmerhaufen wird riesengroß sein.

C. Neu in ihrer Ausdrucksform

Um dies zu begreifen, müssen wir unseren Blick auf die Person Jesu ausrichten, denn ER ist der erste und größte Evangelist; dann werden wir erkennen, wie ER die "Frohe Botschaft" des Heils und der Erlösung an die Menschen vermittelte.

Jesus verkündigte das Evangelium auf sehr einfache Weise; zusammenfassend berichtet darüber in treffenden Worten der Evangelist Matthäus:

"Er zog in ganz Galiläa umher, lehrte in den Synagogen, verkündigte das Evangelium vom Reich und heilte im Volk alle Krankheiten und Leiden" (Mt 4, 23 und Mt 9, 35).

Die Evangelisationstätigkeit Jesu umfaßte zwei fundamentale Aspekte:

a) Verkündigung des WORTES

b) Heilung der Kranken

a) Verkündigung des WORTES

Es gibt heute Menschen, die der Ansicht sind, daß es genüge, vom Leben Jesu Zeugnis zu geben. Es hat jedoch bisher kein Zeugnis seines Lebens gegeben, das echter gewesen wäre als das, welches uns Jesus selbst hinterließ: ER verkündigte, indem er in großen und kleinen Dörfern umherzog, das WORT auf jede nur erdenkliche Weise.

Obwohl das Zeugnis des Lebens (Jesu) bei der Verkündigung der "Frohen Botschaft" an erster Stelle steht, reicht es nicht aus. Es soll vom WORT des Lebens begleitet werden. (vgl. "Evangelii Nuntiandi" Nr. 22)

Es gibt keine Evangelisation im wahren Sinn des Wortes, wenn man nicht den Namen, die Lehre, das Leben, die Verheißungen, das Reich und das Mysterium Jesu, des Sohnes Gottes, verkündigt.   Die Botschaft? - die PERSON JESU, das ist die Botschaft!

b) Heilung der Kranken

Jesus vollbrachte Zeichen und Wunder, was große Menschenmassen anlockte; und an diese Menge wandte er sich dann mit dem WORT der Erlösung.

Es gibt Leute, die behaupten, daß die Verkündigung des WORTES das Wichtigste sei; Wunder und Zeichen seien unnötig. Zahlreiche Kirchen sind jedoch nur deshalb leer, weil die Verkündigung des WORTES den meisten Besuchern nicht genügt. Sie möchten die Wirkmacht des "WORTES" erleben. Sie brauchen Manifestationen, die den Sieg Jesu, seinen Triumph über Sünde, Krankheit und Tod offenbaren.

Wenn wir das WORT mit Zeichen verkündigen, kommen große Menschenmengen zusammen; nicht nur, um zu hören, sondern auch, um zu sehen, daß das WORT in Erfüllung geht, das heißt wahr wird; dann sind sie auch eher für die Botschaft der Erlösung zugänglich und nehmen Jesus als Erlöser und HERRN bereitwilliger an.

Wenn wir in dieser Weise predigen, gibt es Vorkommnisse wie die, über welche am 22. April 1985 im "Diario de Asunción" in Paraguay unter dem Titel "Der Glaube hat 40.000 Gläubige zusammengeführt" berichtet wurde:

Mehr als 40.000 Besucher versammelten sich im Stadion des "Club Cerro Porteno", obwohl die Ankunft des charismatischen Priesters aus Kanada in unserem Land nicht hinausposaunt worden war. Wenn man dies bedenkt, muß die Kraft, die diese vielen Leute zusammengeführt hatte, ungewöhnlich groß gewesen sein.

Der Evangelisationsfeldzug der charismatischen Erneuerungsbewegung mit Pater Tardif als Prediger war ein großes Schauspiel des Glaubens an Jesus Christus. Das erwähnte Stadion war angesichts der großen Menschenmassen, die herbeigeströmt waren, um an der Feier teilzunehmen, zu klein. Viele Interessierte fanden keinen Platz, und Tausende konnten daher nur im Fernsehen an der Feier teilnehmen.

Auf Grund der Kommentare vom Vortag kann man ganz zuverlässig sagen, daß der Fernsehkanal 13, was die Zahl der Fernsehzuschauer anbelangt, einen Rekord verzeichnete.

Gegenwärtig übt die Katholische Kirche eine starke Zugkraft auf alle Gläubigen aus; denn ohne besondere Bemühungen der Hirten hört das ganze Land auf ihre Botschaft und ihre Gebete.

Man muß aber auch auf das Wachstum der katholischen charismatischen Erneuerungsbewegung in unserem Land und in aller Welt hinweisen; ihr Einfluß breitet sich ganz still in überraschender Weise aus. Diese Bewegung innerhalb der Kirche ist bestrebt, die "Kraft des Glaubens" in der christlichen Welt wieder in Anspruch zu nehmen.

Die Verkündigung des Kerygmas wird von Zeichen begleitet; aber niemals haben wir gesehen, daß theologische Thesen von Zeichen begleitet wurden; denn Thesen behaupten und verteidigen sich kraft ihrer eigenen Argumente selbst. Jetzt aber, wenn wir das Kerygma wieder predigen, sehen wir diese Zeichen, welche der Grund dafür sind, daß so viele Menschen zusammenströmen. Die Menge ist so zahlreich, daß dadurch Schwierigkeiten entstehen, die im Hinblick auf die Zukunft gelöst werden müssen.

Wenn das WORT von Zeichen und Wundern begleitet wird, gibt es Probleme; aber nicht, weil wir nicht wissen, was wir tun sollen, damit die Menschen kommen, sondern weil wir nicht wissen, was wir mit so vielen Menschen, die aus allen Himmelsrichtungen herbeiströmen, anfangen sollen. Eigenartig ist das Telegramm, das man mir am 4. Mai 1986 aus der Stadt Elizabeth, New Jersey (USA) schickte und welches folgenden Inhalt hatte:

Kommen Sie bitte nicht, um während des Treffens vom 13. bis 18. Mai 1986 zu predigen. Wir können für die vielen Besucher, die gern das WORT GOTTES hören möchten, keine ausreichend große Versammlungsstätte finden.
Hochachtungsvoll !
Pater Roberto Trabold

Die Heilungen und Wunder sind keine zweitrangigen Anhängsel der Evangelisation; denn durch sie zeigt sich die Wirkmacht des verkündigten WORTES. Früher sagte man, daß die Wunder geschehen, um die Wahrheit der Lehre zu beweisen. Sie haben jedoch noch eine viel wichtigere Aufgabe: zu zeigen, wie der Gott, den wir predigen, wirkt und handelt - das heißt, sie sollen die Erlösung in Aktion manifestieren.

So sind also die Wunder und Heilungen eine herrliche, äußerst günstige Gelegenheit, das Handeln Gottes zu offenbaren; denn man sollte nicht nur und ausschließlich von einem Gott, der nicht sichtbar ist und dessen Wirken und Handeln von niemandem festgestellt werden kann, reden!

Anläßlich eines ökumenischen Kongresses berichtete uns ein engagierter Bischof aus Pakistan:

Ich arbeite nun schon länger als 25 Jahre in Pakistan. Es könnte sein, daß ich derjenige bin, der die meisten Mohammedaner bekehrt hat; nahezu tausend waren es während meines Dienstes für den HERRN. Schließlich erkannte ich, daß man bloß seine Zeit verliert, wenn man die Mohammedaner nur anpredigt; denn sie gehören einem Kulturbereich an, der zwar antichristlich ist, aber Christus nicht ablehnt. Man muß ihnen das Evangelium mit Zeichen und Wundern predigen, so daß sie sehen, daß unsere Religion keine Ideologie, sondern eine Realität ist.

Ein Delegierter aus Irland fügte hinzu:

Früher wandte man bei jedem auftauchenden Problem und jeder Schwierigkeit seinen Blick gegen den Himmel. Wenn eine Epidemie ausbrach, organisierte man einen Gebetsfeldzug. Wenn der Regen ausblieb, rief man Tage des Gebetes aus, um von Gott Regen zu erbitten.

Heutzutage haben uns die Impfungen und die Talsperren dazu gebracht, daß wir Gott vergessen. Aber das Schlimmste dabei ist, daß man IHM in viel wichtigeren Bereichen keine Beachtung schenkt.

Zuweilen versucht man, das Reich Gottes mit Hilfe von Organisationsformen und einfachen technischen Hilfsmitteln aufzubauen. Wenn aber die Erfahrung zeigt, daß man bei den Mohammedanern Zeichen und Wunder braucht, möchte ich meinerseits ergänzend hinzufügen, daß diese Zeichen für die hochentwickelte westliche Welt noch viel nötiger sind.

Der Mensch glaubt, daß er aus seinen eigenen Kräften lebt; er muß jedoch erfahren, daß es eine "Kraft aus der HÖHE" gibt: die Kraft des Heiligen Geistes!

Persönlich glaube ich, daß die neue Ausdrucksform bei der Predigt des Evangeliums darin besteht, daß das WORT von Zeichen und Wundern begleitet wird. Auf diese Weise predigte der Apostel

Paulus (1 Thess 1, 5). Die Wunder bekräftigten sogar die Echtheit seines apostolischen Dienstes (2 Kor 12) - als ob darauf hingewiesen werden sollte, daß es ohne diese Zeichen keinen wahren und echten Apostel gäbe.

Ich glaube, daß Jesus seine pastorale Methode nicht geändert hat; gerade deshalb offenbart er sich dem heutigen Menschen mit Zeichen der Kraft. Jesus hat seine pastorale Methode nicht geändert, weil sie noch immer wirksam ist.

ER braucht keine Kongresse über pastorale Methoden oder Wochen des "aggiornamento" oder der "Wiederaufbereitung", weil seine Methode auch heute noch Kraft und Gültigkeit hat und weil es nichts gibt, was sie ersetzen könnte. ER ruft große Menschenmengen herbei und fährt fort zu heilen; das WORT wird gepredigt, und wer sich dem Glauben öffnet, wird bekehrt.

Am 23. Dezember 1987 schrieb mir Pater Paul Pegeaud aus Issia (Elfenbeinküste) folgendes:

Der Evangelisationstag hat tiefe Spuren in der Pfarrei hinterlassen. Es tut mir leid, daß ich nicht mehr Ungläubige eingeladen hatte; denn aus jedem geheilten Ungläubigen wurde ein Taufanwärter. Es gab aufsehenerregende Heilungen, wie diejenige eines buckligen Kindes im Alter von vier Jahren. Es lag in den Armen seines Vaters, der Arzt ist. Beim Gebet für die Kranken begann es stark zu schwitzen, fiel zu Boden und führte wilde Bewegungen aus, als ob es in einen Topf mit siedendem Wasser gefallen wäre. Dabei spürte es, daß es von etwas Unsichtbarem am Kopf und an den Händen gezogen wurde; dann stand es von selbst, aus eigener Kraft, auf. Danach sagte es zu seinem Vater: "Papa, du bist aber ein guter Arzt!" - Tief bewegt erwiderte der Vater: "Aber ich habe doch gar nicht geheilt. Es war Jesus von Nazaret ...!"

Als der Vater wieder zu Hause war, griff er nach einem Gläschen Likör, da er dem Alkohol sehr zugetan war. Aber der Geschmack des Likörs widerte ihn an; und so geschah es, daß auch er geheilt worden war - von der Alkoholsucht.

Es gibt noch andere, sehr hübsche Zeugnisse von Versöhnung und Vergebung im Familienkreis.

Wir hatten gepredigt und immer wieder gepredigt, daß Jesus auferstanden ist und Leben gibt; jetzt aber haben wir viele Zeugen, die es bestätigen. Wir hatten immer wieder über die Heilungen gepredigt, von denen das Evangelium spricht, und hatten die Berichte aus der Heiligen Schrift vorgelesen; jetzt aber haben die Leute sie mit ihren eigenen Augen gesehen. Das Evangelium hat für die Gläubigen einen neuen Stellenwert bekommen - die Ungläubigen jedoch hat es in Erstaunen versetzt.

Manche Menschen kritisieren die Übertreibungen im Heilungsdienst. Ich tue es auch, denn zuweilen gibt es sie tatsächlich. Aber diejenigen, welche die Ausuferungen kritisieren, sollten in ihre Kritik auch die Personen einbeziehen, die in ihrer Kritik zu weit gehen und somit ebenfalls übertreiben. In meinen Augen ist die letztgenannte Übertreibung gefährlicher, weil die Menschen infolge dieses Einflusses vergessen, daß die Kraft Gottes, die den Menschen von heute die Erlösung bewußt macht, eine Realität ist.

Infolge einer gewissen Kurzsichtigkeit glaubt man manchmal, daß die Heilung alles sei. Ihr wahrer Wert wird oftmals nicht wahrgenommen, das heißt, die Auswirkung, die ein Zeichen haben kann, wird häufig übersehen. Die Heilung löst nämlich in verschiedenen Bereichen des persönlichen Lebens oftmals eine Kettenreaktion aus - nicht nur bei der betroffenen Person, sondern auch in ihrer Umgebung, wie der folgende Fall zeigt:

In der Stadt Santiago de los Caballeros (Dominikanische Republik) geschah im Herbst 1987 eine aufsehenerregende Heilung.

Oscar Lama hatte einen Auto-Unfall; die Folge davon war, daß er zwei Monate im Koma lag. Man transportierte ihn in ein berühmtes Krankenhaus in Pittsburgh (USA), wo er mehrere Wochen verbrachte. Nachdem man festgestellt hatte, daß von ärztlicher Seite nichts mehr zu machen war, da der Verletzte die Gehirnflüssigkeit verloren hatte, schickte man ihn wieder nach Hause.

Sollte er aus dem Koma-Zustand jemals erwachen, dann würde er - nach Meinung der Ärzte - nur dahinvegetieren, ohne jedes Anzeichen menschlichen Lebens.

Anläßlich einer Heilungsmesse in der Kathedrale von Valverde bat uns sein Vater, daß wir ihn zu Hause besuchen und für seinen Sohn beten möchten. Der Pfarrer der Kathedrale und ich gingen hin. Es war tief ergreifend, diesen Menschen, der auf keinen Reiz mehr reagierte und völlig bewegungsunfähig war, zu sehen. Wir beteten dann fünf oder acht Minuten lang zum HERRN, daß ER ihn heilen möge. Früh am nächsten Tag rief Oscar seine Eltern. Es war tief bewegend, ihn sprechen zu hören. Im Verlauf einer Woche schaute er sich das Sportprogramm im Fernsehen an und erinnerte sich an die Namen der ihm bekannten Fußballspieler. Das Gedächtnis und auch die übrigen mentalen Fähigkeiten kamen wieder zurück. Schließlich stand er aus dem Bett auf, und dank einer intensiven Therapie und Gymnastik begann er wieder zu laufen. Heute geht Oscar wieder ganz normal seiner Berufsarbeit nach.

Diese Heilung war für die ganze Familie ein Aufruf zum Glauben. Ein ganz enger Freund, der ihn besuchte, äußerte sogar den Wunsch, bei mir zu beichten. Als Oscar dann wieder zur Kirche zurückkehrte, nahm er, gleichzeitig mit ihm auch sein Freund, an der Kommunion teil - es war die erste Kommunion seines Freundes.

Durch diese Heilung wurde das Leben der ganzen Familie in geistiger Hinsicht verändert.

Es geschah hier etwas Ähnliches wie bei der Hochzeit zu Kana; der Apostel Johannes berichtet darüber:

"So tat Jesus sein erstes Zeichen in Kana in Galiläa und offenbarte seine Herrlichkeit, und seine Jünger glaubten an ihn" (Joh 2, 11).

Auch in unserem Fall erweckte das Zeichen der Heilung bei den Menschen der Umgebung Glauben, so daß die Heilung auf diese Weise zu einem Instrument der Evangelisation wurde.

D. Neue Formen der Evangelisation

Wir müssen für die Predigt des Evangeliums neue Formen finden. Das, was wir bis heute getan haben, genügt nicht. Wir müssen in großen Stadien predigen, und wir müssen bei der Predigt manchmal auch Mittel verwenden, die von den Katholiken bisher wenig eingesetzt wurden, wie zum Beispiel das Radio, das Fernsehen und die Presse. Unsere Phantasie muß uns dazu verhelfen, für das Evangelium neue Ausdrucksformen zu suchen - wie etwa gute Musik, Kunst und Kultur. Wir können nicht mehr länger warten, bis Besucher von selbst zur Kirche kommen. Wir müssen uns aufmachen und zu ihnen hingehen. Jesus sagte: "Geht und verkündigt!" - Er sagte nicht: "Wartet, bis die anderen kommen!"

Die Stadien, die Plätze, die Geschäftszentren und jede andere Versammlungsstätte können Zentren für die Evangelisation sein.

Unsere Kommunität "Diener des lebendigen Christus" evangelisiert über das Fernsehen. Obzwar dies ein kostspieliger Dienst ist und wir nicht über die nötigen Einnahmequellen verfügen, tun wir Schritte im Glauben. Auch wir machten uns auf den Weg, ganz ähnlich wie Mose, der nicht wartete, bis er genügend Gold beisammen hatte, um die Lebensmittel einzukaufen, welche die Israeliten bei der Durchquerung der Wüste benötigten. - Wir können auch sagen: "Gold und Silber haben wir nicht; aber was wir haben, geben wir euch: JESUS."

Der Vorteil dabei ist, daß wir das einzige, was die Menschheit wirklich braucht, anbieten. Wir verlassen uns auf den besten Künstler der Welt, der aus seinem Leben und seinem Tod ein Werk mit Ewigkeitswert gemacht hat. Und das reicht uns! Wenn wir das wenige, über das wir verfügen, einsetzen, wird uns dann der HERR im Stich lassen?

Unser Programm begann in Zusammenarbeit mit einem örtlichen Fernsehsender. Jetzt aber wird es täglich auf nationaler Ebene gesendet - mit der Auswirkung, daß wir aufgrund unseres Programmes sogar Zeugnisse erhalten - Zeugnisse jeder nur erdenklichen Art:

Eine Frau war zu Hause in ihrer Küche und sah sich das Evangelisations-Programm im Fernsehen an. Als für die Kranken gebetet wurde, kniete sie nieder und bat um das Kind, nach welchem sie sich während zehn langer Ehejahre gesehnt hatte. Dabei fühlte sie plötzlich eine starke Gefühlsbewegung und eine Wärme, die sie durchströmte. Der HERR heilte sie von der Ursache ihrer Sterilität. Bald danach war die Frau in guter Hoffnung. Das Kind kam völlig gesund zur Welt, und das Ehepaar taufte es auf den Namen Emanuel.

Als wir von diesem Ereignis erfuhren, luden wir das Ehepaar in das Fernsehstudio ein. Während die Frau ihr Zeugnis gab, zeigte die Kamera das Gesicht des Babys, das in den Armen des Vaters lag. Fürwahr, es war ein herrliches Zeugnis!

Wir müssen alle Medien zum Evangelisieren benützen. Ich habe von einer Person in Santiago de los Caballeros gehört, die vom HERRN geheilt wurde, als sie auf einer Cassette das Gebet für die Kranken hörte. Durch dieses Hilfsmittel, die Cassette, kann die Botschaft Kranke erreichen, die nicht lesen können oder die einfach keine Lust dazu haben.

Auch das Telefon wurde zu einem Überbringer der Evangelisation. Im "Haus der Verkündigung" haben wir ein Telefon eingerichtet, das während des Tages die Anrufe von Menschen in Not entgegennimmt; darunter sind vielfach auch Verzweifelte und Personen, die am Rande des Selbstmordes stehen. Durch das Telefon bringen wir ihnen das Evangelium nahe und beten auch für sie; wunderbare Zeugnisse sind oft die Folge dieses Dienstes per Telefon. Es folgt ein Brief, den wir erhielten:

21. Febr. 1983

Ehrwürdiger Pater !

Ich weiß nicht, womit ich Gott die Heilung meiner Tochter Maria Guadalupe vergelten kann. Ich möchte Ihnen nun berichten, welch große Barmherzigkeit uns der HERR erwiesen hat:
Im Jahr 1978 kamen Sie in die Stadt Guadalajara zu einem Freizeit-Treffen der Priester. Da es mir nicht möglich war, Sie zu treffen, versuchte ich, ausfindig zu machen, wo Sie untergebracht waren, und hinterließ dort eine Nachricht, in welcher ich Sie bat, für meine Tochter zu beten. Sie hatte Geschwüre in beiden Brüsten, und die Ärzte hatten sich entschlossen, die Brüste zu amputieren.
Nachdem meine Tochter knapp vier Tage lang mit Hormonen behandelt worden war, erfuhr ich, daß Sie hier waren. Ich faßte Mut und bat Sie, ähnlich der blutflüssigen Frau, daß Sie sich - sollte Ihnen etwas Zeit bleiben - mit meiner Tochter in Verbindung setzen und für sie beten möchten.
Sie waren so liebenswürdig und taten es, wobei meine Tochter, als sie mit Ihnen sprach, vor Glück weinte.
Nach kaum einer Woche stellten wir fest, daß die Tumoren verschwunden waren.
Seither sind fünf Jahre vergangen, ohne daß meine Tochter die geringsten Beschwerden gehabt hat. Dafür haben wir Gott von allem Anfang an gedankt. Möge Sie Gott für die große Hilfe, die Sie uns erwiesen haben, segnen; umso mehr segnen, weil Sie damals keine Rücksicht auf die starke Ermüdung nahmen, die Sie infolge von soviel Arbeit sicherlich hatten.

Gott ist so groß und barmherzig, daß ER jenen Hilferuf erhörte, um uns alle überfließend glücklich zu machen.

Ma. Dolores S. de Reyes

Das folgende Zeugnis stammt von einer Frau, die mich aus weiter Ferne, aus Spanien, in der Dominikanischen Republik anrief:

Anfang 1982 konnte ich nach langen Suchaktionen eine telefonische Verbindung mit Ihnen herstellen. Nach einigen Augenblicken des Wartens antworteten Sie mir von der anderen Seite des Atlantiks. Ich schilderte Ihnen meinen Kummer, der mit der Erkrankung meines Mannes zusammenhängt, und Sie sagten nicht, daß Sie für ihn beten würden, sondern sprachen auf der Stelle ein kurzes Fürbittegebet.Ich möchte Ihnen mitteilen, daß mein Mann von seinem Leiden völlig geheilt ist, und mir ist klar geworden, daß es für Gott keine großen Entfernungen gibt.

Gott antwortet aber auch auf Briefe.
Da ich viel Korrespondenz mit der Bitte um Gebet erhalte und nicht genügend Zeit habe, um alles zu lesen, hat die Beantwortung der Korrespondenz eine Klosterschwester übernommen; sie erklärt den Schreibern, daß ich am nächsten ersten Freitag des Monats die Eucharistie für die Personen, die um Gebet baten, aufopfern würde. Nun erhielt ich vor einigen Monaten einen Brief aus Brasilien, in welchem eine Frau folgendes schreibt:

Lieber Pater Emiliano !

Vor kurzem schrieb ich Ihnen und schilderte Ihnen meinen Kummer und mein Leiden. Ich freute mich sehr, als ich von Ihnen einen Brief mit der Zusicherung erhielt, daß Sie am nächsten ersten Freitag des Monats ("Herz-Jesu-Freitag") während der Eucharistie-Feier für mich beten würden.
Lieber Pater, ich möchte Ihnen mit großer Freude berichten, daß ich genau an diesem Tag von meinem Übel geheilt wurde. Möge Sie Gott in Ihrem Dienst segnen!

Obwohl ich den Inhalt des Briefes dieser Frau nicht gelesen hatte, kannte ihn doch der HERR - und half ihr.

Weder die Methoden noch die Instrumente und Hilfsmittel sind die neuen Ausdrucksformen der Evangelisation; was neu ist, ist unser starkes Vertrauen auf die Kraft des Heiligen Geistes, wobei wir aber ungeachtet dessen jedes verfügbare Hilfsmittel bei der Verbreitung des Evangeliums einsetzen sollten.

E. Die Neue Evangelisation ist integral

Das ganze Evangelium für den ganzen Menschen und für alle Menschen!

a) Das ganze Evangelium

Das ganze Evangelium ist Jesus. Es gibt kein anderes! Aber wir dürfen das Mysterium Seines LEIBES nicht vergessen.
Jesus bildet mit seiner Kirche einen LEIB. Daher können wir nicht integral evangelisieren, wenn wir das Evangelium auf die Darstellung der Person Jesu beschränken und Seinen LEIB, die Kirche, vergessen.
Jesus übertrug seine Mission auf die Jünger:
"Wie mich der Vater gesandt hat, so sende ich euch"
(Joh 20, 21).
Von diesem Zeitpunkt an wird die Erlösung durch Jesus sichtbar und wirksam durch den Dienst der Kirche. Deshalb bedeutet die Trennung des LEIBES vom Kopf einen Verrat am Evangelium.
Den ekklesialen Aspekt zu übergehen, wäre gleichbedeutend mit der Trennung der Ehe: Christus - Kirche. Als ein Schriftgelehrter Jesus über das erste Gebot befragte, erwiderte er: Das erste Gebot heißt: Du sollst Gott lieben. Das zweite lautet: Du sollst deinen Nächsten lieben. - Das heißt, daß das "wichtigste Gebot" eigentlich aus zwei untrennbaren Geboten besteht. Von daher schließt die Beziehung zu Gott eine Beziehung zu den übrigen Gliedern des LEIBES mit ein.

Andererseits schließt das volle Evangelium auch die Erweise der Kraft mit ein. Denn sie sind die Zeichen dafür, daß das Reich Gottes gekommen ist. Wir können die Charismen des Geistes, wenn wir das Evangelium nicht verstümmeln wollen, nicht einfach weglassen oder übergehen.
Ein Bischof lud mich einmal zu einem Freizeittreffen für Priester, das ich auch leiten sollte, ein. Er stellte jedoch die Bedingung, daß ich

nicht für physische Heilung beten und das Thema der Charismen, insbesondere das der Heilungen, nicht anschneiden solle.

Ich schlug ihm vor, er möge einen Prediger, der nicht über den Dienst der Heilung spricht, einladen, da ich nicht aufhören könne, von dem zu reden, was ich gesehen und gehört habe. Daraufhin antwortete mir der Bischof: "Kommen Sie, und predigen Sie uns das volle Evangelium!"

In meinem ersten Gespräch nahm ich den Text aus der Heiligen Schrift, in welchem der Evangelist Matthäus die Evangelisationspädagogik Jesu in die Worte kleidet: *"Er zog in ganz Galiläa umher, lehrte in den Synagogen, verkündete das Evangelium vom Reich und heilte im Volk alle Krankheiten und Leiden" (Mt 4, 23).*

Dann fuhr ich fort: Jesus hat seine Methode nicht geändert. Wir können keine, die besser ist als die Seine, erfinden. Ein Teilstück des Evangeliums wegzulassen, würde bedeuten, daß wir der Ansicht sind, daß unsere Methoden besser als die Methode von Jesus sind. Die Heilungen fortzulassen, bedeutet Verrat am Evangelium.

b) Für den ganzen Menschen

Das Evangelium soll nicht nur eine Transformation des menschlichen Herzens bewirken, sondern es soll in gleicher Weise alles, was die menschliche Person betrifft, verändern. Der Mensch besteht aus Körper, Seele und Geist; daher soll die Erlösung den ganzen Menschen erfassen.

Jesus kam nicht, um Seelen zu retten, sondern Menschen, die aus Körper, Seele und Geist bestehen. Aufgrund meiner Erfahrung habe ich erkannt, daß es bei Gott zwei Wege gibt:

1) Zuerst verzeiht er die Sünden, und dann heilt er den Körper. Vergleiche die Heilung des Gelähmten (Mk 2, 9 - 12) !

2) Zuerst heilt er, und dann verwandelt er das Innere, das Herz und den Geist. Vergleiche die Heilung des Blindgeborenen (Joh 9) !

Der Plan Gottes umfaßt den ganzen Menschen. Daher soll die Evangelisation sich mit allen Ausdrucksformen des menschlichen Lebens befassen; das heißt, die ganze Person ergreifen und umfassen; sie soll befreien: von Sünde, Unwissenheit und vom Tode. Aber sie soll auch die fundamentalen Bedürfnisse seiner Geschöpfe nicht außer acht lassen; mit anderen Worten: Nahrung, Kleidung,

Gesundheit - und sie soll selbst die für ein Gotteskind angemessene Wohnung einschließen.

c)Für alle Menschen

Die Evangelisation, welche Rettung bringt, soll auch Befreiung bringen; das heißt, sie soll alle menschlichen Strukturen umfassen:
– das politische, ökonomische und soziale Leben;
– die ungerechten und unmenschlichen Strukturen - sie   sollen verändert werden!
– die Kultur - sie soll mit den Kriterien und Werten des Evangeliums durchdrungen und durch sie geprägt werden!

Es ist Gottes Plan, uns nicht als isolierte Individuen, ohne Verbindung untereinander, zu befreien und zu retten, sondern als Ganzes, als Volk.

Das Evangelium soll also die Beziehungen der Menschen und der Völker untereinander verändern, indem es eine Zivilisation der Liebe aufbaut: einen neuen Himmel und eine neue Erde.

Die Kraft des Evangeliums findet ihre höchste Ausdrucksform, wenn die Menschen, jeder für sich, verändert werden und diese dann die Fähigkeit erlangen, die Kriterien des Beurteilens, die Wertmaßstäbe, die Interessen und Denkrichtungen, die Inspirationsquellen und die Lebensformen der Menschheit mit der Kraft des Evangeliums zu verändern (Evangelii Nuntiandi, Nr. 19).

Vor einigen Jahren predigte ich anläßlich einer Wochenendveranstaltung in der Diözese des Monsignore Carlos Talavera. Mehr als 20.000 Besucher nahmen an dieser Veranstaltung teil. Alle kamen mit dem heißen Wunsch, das WORT der Rettung und Erlösung zu hören und seine Wirkmacht zu erkennen. Nach der Predigt des WORTES des LEBENS heilte der HERR zahlreiche Kranke, und anschließend wandte sich der Bischof an die riesige Menschenmenge mit den Worten:

Evangelisieren bedeutet nicht nur, von Jesus zu sprechen, sondern ihm zu erlauben, daß er auch handelt und sein Erlösungswerk in dieser Welt errichtet. - Evangelisieren bedeutet, die erlösende Tätigkeit von Jesus bekanntzumachen. Die Welt gibt sich nicht damit zufrieden, wenn wir nur von Jesus reden, sondern sie will und muß erleben, wie ER wirkt und handelt; sonst werden seine Geschöpfe nicht an ihn glauben.

Diese Worte des Bischofs fassen die Bedeutung der neuen integralen, das heißt, umfassenden Evangelisation am besten zusammen.
Obwohl der Welt Worte nicht genügen und sie Taten sehen will, ist unser persönliches Zeugnis dennoch nicht ausreichend: die Erlösung durch JESUS CHRISTUS muß nämlich in allen Bereichen des menschlichen Lebens wirksam werden.
Wir sind aufgerufen, die Ausrichtung unserer Interessen, die Lebensformen und die Wertmaßstäbe, die das Verhalten der Völker bestimmen, zu ändern. Dann könnte die Welt wirklich erkennen, daß das Reich Gottes gekommen und Jesus tatsächlich der Erlöser ist, der kam, um allen Geschöpfen, Gemeinschaften und Nationen neue Formen des Zusammenlebens zu offenbaren.
Evangelisieren bedeutet, die erlösende Tätigkeit von Jesus Christus wie Samen auszustreuen, damit sie durch die Kraft der Samen von selbst wachse, die menschliche Wirklichkeit befruchte und auf diese Weise den Plan Gottes in dieser Welt erfülle.
Evangelisieren bedeutet, alles zu retten, was sich in den Klauen Satans befindet, sei es als Folge von Esoterik und Okkultismus oder durch Kontakt mit jedweder Art von Kurpfuscherei und Spiritismus; ganz zu schweigen vom Satanskult, der sich immer mehr ausbreitet. Die hauptsächliche Waffe des Feindes ist jedoch die Lüge. Er betrügt uns, indem er uns glauben macht, daß er nur in diesen genannten Bereichen tätig sei. Er wirkt aber auch im Konsumstreben, in der Habgier, der Ungerechtigkeit, der Rüstung, der Pornographie, der Abtreibung und jeder Art von Korruption und maßlosem Ehrgeiz. Der Feind verfügt über tausend verlockende Möglichkeiten und Tricks, um uns zu täuschen: Es gibt heute Systeme, die unter dem Einfluß und der Macht Satans stehen und evangeliumsfeindlich sind. Der Nazismus war eines davon; aber auch gewisse Formen des Kapitalismus, des Sozialismus und totalitärer Regime gehören dazu - einschließlich der Landesverteidigung, wenn sie zu weit geht und dabei die Rechte der menschlichen Person, die nach dem Bild und Gleichnis Gottes geschaffen ist, verletzt.
Das Evangelium ist keine Flucht aus der Wirklichkeit, sondern es ist ein Ferment, welches das ökonomische, politische, soziale, kommerzielle und kirchliche Leben verändert. Dann und erst dann

werden wir behaupten können, daß das Reich Gottes, welches das Leben der Gesellschaft in entscheidender Weise ausrichtet und bestimmt, gekommen ist.

F. Die Neue Evangelisation - ein Werk des Heiligen Geistes

Die Evangelisation ist im wahrsten Sinne des Wortes ein göttliches Werk, weil es darum geht, das Reich Gottes in dieser Welt zu errichten. Gleichzeitig aber wird der Samen göttlichen Lebens in die Herzen der Menschen gelegt. Dies aber ist ohne Beteiligung und Mitwirkung des Heiligen Geistes nicht möglich. Seine Gegenwart und Hilfe sind sowohl für den Evangelisten als auch für die angesprochene Person völlig unentbehrlich:

a) Im Evangelisten

Der Heilige Geist salbt den Evangelisten, damit das gesprochene Wort das Herz der Zuhörer anrührt. Sein Wort ist dann ein wirkendes WORT Gottes, das die Kraft zur Bekehrung vermittelt. Es ist nicht unsere Rhetorik, auch sind es nicht die literarischen Bilder und Symbole, ebensowenig die Rednergabe beziehungsweise die Wortgewandtheit, welche die Anwesenden überzeugen.

Der Heilige Geist kann dies alles mitbenutzen, aber letzten Endes geht die entscheidende Wirkkraft der Evangelisation von IHM aus. Die Evangelisation streut den Samen des göttlichen Lebens aus, und dies ist eine Tätigkeit, die ausschließlich dem Heiligen Geist zukommt. Sicherlich braucht der Heilige Geist unsere Mitarbeit; aber ohne ihn könnten wir, trotz unserer Bemühungen und unseres guten Willens, weder die Welt noch das Herz der Menschen verändern - dazu fehlen uns die dafür notwendigen Kräfte und Fähigkeiten.

"Wenn nicht der Herr das Haus baut, müht sich jeder umsonst, der daran baut" (Ps 127, 1).

Paulus, Apollos und jeder andere Evangelist waren nur Werkzeuge; nur Gott, Gott allein ist es, der Wachstum schenkt.

Wir sind unfähig, irgend jemanden zu bekehren. Das ist das ausschließliche Werk des Heiligen Geistes:

143

Ein berühmter, feuriger Prediger sprach einmal zur Fastenzeit in einer Kirche, welche die Teilnehmer des Gottesdienstes kaum fassen konnte. Er sprach mit viel Gefühl und lebhaften Gesten, benützte schöne literarische Bilder und zitierte große christliche Denker.
Nachdem er seine Predigt beendet hatte, kehrte er in die Sakristei zurück, um ein wenig auszuruhen. Er setzte sich in einen bequemen Lehnstuhl, knöpfte den Priesterkragen auf, entspannte sich, indem er seine Beine ausstreckte, und tat ganz so, als ob er nach einer großen Schlacht ausruhen müsse. Plötzlich kam ein altes Weiblein zur Tür herein und redete ihn ohne lange Umschweife an: "Herr Pater, nun bin ich wirklich bereit, mein Leben zu ändern. Ich liefere mein Leben Jesus aus."
"Und welches Wort meiner Predigt hat dich so überzeugt, daß du dich bekehrt hast?" fragte voll Interesse der Prediger, in dessen Gesicht sich Zufriedenheit spiegelte, da er so schnell und unmittelbar die Früchte seiner beredten Predigt feststellen konnte. - Mit großer Freimütigkeit antwortete die Frau: "Nein, Herr Pater, nichts von all dem, was Sie gesagt haben; als Sie jedoch bei dieser großen Hitze Ihr weißes Taschentuch herausholten, überlegte ich und sprach zu mir im stillen: "Und deine Seele, Magdalena, ist soo schwarz!" Als Sie sich dann schneuzten, war infolge des Mikrofons das Krachen und Donnern so fürchterlich, daß es mich an die Trompeten des Jüngsten Gerichtes erinnerte; da entschloß ich mich auf der Stelle zu beichten ... !"

Manchmal benützt der HERR "die Trompeten des Jüngsten Gerichtes", um die Herzen anzurühren. Seine Wege sind immer originell, und er nutzt jedweden Umstand und jede Kleinigkeit.

b) Bei der angesprochenen Person

Der HERR, der an die Tür des Herzens klopft, schenkt gleichzeitig Gnade dazu, daß sie sich auftut. Als Paulus in Philippi predigte, hörte ihm eine Frau namens Lydia sehr aufmerksam zu. In der Apostelgeschichte heißt es genauer: "Der HERR öffnete ihr das Herz, so daß sie den Worten des Paulus aufmerksam lauschte" (Apg 16, 14).
Gott schenkt die Gnade, daß wir auf seinen Anruf antworten. Die Kraft der Charismatischen Erneuerungsbewegung hat ihre Wurzeln in der Erfahrung des Heiligen Geistes. Wir wissen, daß das Werk des Heiligen Geistes nicht von unseren Kräften oder Fähigkeiten abhängt;

wir wissen aber auch, daß der Heilige Geist ebensowenig vor unseren Beschränkungen und Mängeln haltmacht. Gott ist größer als alle unsere Mängel und jedwede Beschränktheit.

Die Evangelisation bringt Früchte, wenn sie vom hurrikanartigen Pfingststurm angefacht wird. Daran kann man eine erfolgreiche Evangelisation erkennen. Das Geheimnis, wieso sich beim Apostel Petrus an jenem denkwürdigen Tag 3.000 Leute bekehrten, könnte man vielleicht besser verstehen, wenn man daran denkt, daß Petrus, unmittelbar bevor er aus dem Obersaal herabgekommen war, dort mit der Fülle des Heiligen Geistes auch dessen Gaben empfangen hatte.

In dieser Hinsicht erklärte Papst Paul VI: "Die Evangelisationstechniken sind gut; aber nicht einmal die spitzfindigsten können das stille Wirken des Heiligen Geistes ersetzen" (EN Nr.75). Das Kerygma oder die grundlegende, fundamentale Evangelisation gipfelt in einer Erfahrung des Heiligen Geistes. Die Neugeburt ist ein Werk des Heiligen Geistes. Daher kann es ohne den Heiligen Geist keine tiefgreifende Evangelisation geben. Oftmals wollten wir mit Hilfe der Wahrheit überzeugen, anstatt diese Arbeit dem Heiligen Geist zu überlassen.

G. Neue Evangelisten für eine neue Evangelisation

Es besteht überhaupt kein Zweifel, daß wir eine "Neue Evangelisation", deren Ausrichtung wir bereits aufgezeigt haben, brauchen. Es kann jedoch keine neue Evangelisation ohne erneuerte Evangelisten geben, das heißt Evangelisten, die das, was sie selbst erlebt haben, weitergeben. D. Dino ermunterte uns in der Abschlußmesse des "National-Kongresses der Italienischen Erneuerung" in Rimini vor 40.000 Teilnehmern: "Geht und verkündigt, daß Jesus lebt!"Er fuhr sinngemäß fort:

In dieser Eucharistie-Feier, die unseren Kongreß abschließt, lassen wir unser feierliches Danksagungslied zum Vater emporsteigen. Wir danken für alles, was wir mit unseren Augen gesehen, für alles, was wir betrachtet und mit unseren Händen berührt haben. Genauso wie die Apostel können wir nicht anders, als der Welt mit aller Kraft diese wunderbare Erfahrung zu verkünden, indem wir davon erzählen, was der auferstandene Christus für uns getan hat. Seit dem Tag, an dem Maria Magdalena vor dem leeren Grab weinte, weil man ihren Jesus weggenommen hatte, schallt die Botschaft des Engels in die Welt: "Warum sucht ihr DEN unter den Toten, der lebt? Er ist nicht hier! Er ist auferstanden!"

Wir müssen diese Botschaft - die Apostel taten es als erste, und alle anderen Christen, bis auf uns, folgten nach - aufnehmen, um es selbst zu erfahren und dann allen Menschen zu verkünden: "Christus lebt heute, ebenso wie er gestern gelebt hat und in alle Zukunft leben wird!" Er, der am Kreuz starb, hat das Grab verlassen und lebt! Aus dem Dunkel dieses Grabes bricht ein strahlendes Licht hervor, welches alle Völker erleuchtet und einer neuen Schöpfung Leben bringt. Obwohl man Jesus nicht im Grab zu Jerusalem, das leer ist, finden kann, kann man ihn, und dies ist ganz gewiß, trotzdem finden - überall in der Welt.

Jesus forderte seine Jünger nicht dazu auf, neue Theorien und abstrakte Ideen weiterzugeben, sondern Zeugnis zu geben von dem, was sie gesehen und gehört hatten. Die Evangelisation muß von dem Zeugnis derjenigen Menschen, die eine persönliche Erfahrung mit dem auferstandenen Christus gehabt haben, ihren Ausgang nehmen. Leider hat man den Eindruck, daß wir früher mehr darauf bedacht waren, eine Doktrin zu lehren, als Leben zu vermitteln. Um im Geist Gottes zu wachsen, muß man zuerst neu geboren sein - und zwar aus dem Heiligen Geist. In den letzten Jahren haben wir dies immer wieder mit allem Nachdruck betont.

Ein Evangelist ist vor allem anderen ein Zeuge, der eine persönliche Erfahrung des Todes und der Auferstehung von Jesus Christus gemacht hat - und den anderen nicht vorrangig eine Doktrin, sondern eine lebendige Person übermittelt: eine Person, die Leben in Fülle verheißt. Erst danach, und immer erst danach, soll man katechisieren und Moral unterrichten.

Manchmal geben wir uns die größte Mühe, die Leute dahin zu bringen, daß sie die Gebote beachten. Wir dürfen jedoch nicht vergessen, daß das GESETZ erst nach der Theophanie (Erscheinung Gottes) auf dem Berg Sinai gegeben worden war. Deshalb kann niemand ein echter Botschafter des Evangeliums sein, wenn er nicht persönlich das neue Leben, das ihm von Jesus Christus geschenkt wurde, erfahren hat.

Wenn wir zu Zeugen von dem werden, was Christus getan hat, ändert sich alles, und unsere Verkündigung, unsere Evangelisation wird sehr bald von den Zeichen und Wundern, die der HERR uns verheißen hat, begleitet werden.

Die Verkündigung beziehungsweise die Predigt sollte nicht darin bestehen, daß wir mit schönen Worten von Jesus reden; nein, wir müssen mit IHM zusammenarbeiten und zu einem Werkzeug in seinen Händen werden, damit ER in der Kraft des Heiligen Geistes wirken kann; das heißt, wir müssen als überzeugte Zeugen allen Völkern seine barmherzige Liebe verkündigen und bekanntmachen, daß Gott alle seine Geschöpfe liebt, ohne Unterschied. - Dieser Tage äußerte jemand:

"Wir erleben heute dasselbe, was vor 2.000 Jahren geschah: Die Gaben des Heiligen Geistes gehören wahrhaftig nicht der Vergangenheit an."

"Die Welt von heute, überdrüssig auf Lehrer zu hören, folgt den Zeugen nach", sagte sinngemäß Papst Paul VI. - Die Welt hört auf Zeugen, die in einer persönlichen Begegnung mit dem Auferstandenen die Erfahrung des neuen Lebens, das Christus schenkt, gemacht haben. Liebe Brüder, wenn wir wahrhaftig echte Evangelisten sein wollen, müssen wir mit den Aposteln wiederholen:

"Wir können unmöglich schweigen über das, was wir gesehen und gehört haben" (Apg 4, 20).

Was wir gehört und gesehen haben, fordert uns heraus. Der Evangelist, wenn er nicht ein "Zeuge" ist, der eine persönliche Begegnung mit dem auferstandenen Christus gehabt hat, wird zu einem Propagandisten abstrakter Wahrheiten oder uneinsehbarer Theorien. Der Evangelist muß die Erlösung am eigenen Leib erfahren haben, um den anderen glaubhaft zu versichern: "Das, was mir widerfuhr, kann auch dir widerfahren."

Keine neue Evangelisation ohne neue Evangelisten, das dürfte wohl klar sein. Jesus selbst erinnerte die Jünger, die sich bereits auf den Weg gemacht hatten, um das Evangelium zu verbreiten, eindringlich daran, daß sie dazu etwas bräuchten, was sie noch nicht hatten:

"Aber ihr werdet die Kraft des Heiligen Geistes empfangen, der auf euch herabkommen wird; und ihr werdet meine Zeugen sein ... bis an die Grenzen der Erde" (Apg 1, 8).

So müssen auch wir durch den Geist Jesu erneuert werden. Was macht den Unterschied zwischen einem Evangelisten und einem neuen Evangelisten aus? Es ist das Pfingsterlebnis! - Nur der Heilige Geist macht uns zu Zeugen der Auferstehung Jesu Christi. Wer keine persönliche Pfingsterfahrung gehabt hat, kann nicht mit Kraft und Macht evangelisieren; denn niemand kann die Herzen anrühren, niemand außer dem Heiligen Geist. ER gibt uns die Kraft, Jesus der Welt als HERRN und Erlöser mit lauter Stimme zu verkündigen.

Weder Wissenschaft noch Einsatz und Dienst noch Verkündigung charakterisieren in erschöpfender Weise den neuen Evangelisten. Es gibt etwas, etwas viel Tieferes als all dies!

In der Heiligen Schrift werden drei Personen erwähnt, die in gewisser Hinsicht und dem Anschein nach vorbildlich waren, und dennoch fehlte ihnen das "kleine Detail".

a) Nikodemus

Nikodemus war ein weiser Lehrer in Israel, der sich im GESETZ gut auskannte, und zu dem viele Menschen kamen, um sich in schwierigen Fragen Rat und Antwort zu holen. Trotz seines tiefen Wissens, seiner Titel und allseitigen Anerkennung fehlte ihm ein fundamentales "kleines Detail": die Neugeburt.

Es genügt nicht, wenn man nur Kopfwissen hat. Man muß Wissen haben, das aus dem Herzen und der Erfahrung kommt. Man kann für den HERRN arbeiten und in seinem Arbeitsbereich ein Experte sein, man kann auf religiösen Spezialgebieten Titel haben und vielleicht sogar graduierter Theologe einer berühmten Universität sein - aber das genügt nicht. Dies alles ist sicherlich nicht wertlos, aber es könnte einem wie dem Pater bei der Prozession ergehen - er hatte alles bis aufs I-Tüpfelchen vorbereitet, nur das "kleine Detail" hatte er dabei trotz aller Sorgfalt vergessen.

Wer "neu geboren" ist, teilt "Neues Leben" mit. Wenn nicht, beschränkt er sich auf Theorie oder reine, blutleere Doktrin.

b) Samuel

Die Mutter Hanna weihte ihn - kaum hatte sie ihn entwöhnt - dem Herrn. Der Gesang der Psalmen war die erste Musik, die ihm zu Ohren kam, und liturgische Zeremonien bildeten den Rahmen seiner Kindheit. Es ist daher nicht verwunderlich, daß wir ihn bereits in seiner Jugendzeit neben dem Priester Eli im Tempel, wo er mithalf, vorfinden. Samuel diente dem HERRN im Heiligtum, so steht es in der Heiligen Schrift. (1 Sam 3, 1) - Sechs Verse vorher heißt es jedoch, daß Samuel den HERRN noch nicht kannte. Obwohl er also von der Mutter Gott geweiht worden war und obwohl er bereits so viele Stunden Dienst für den HERRN getan und sich für die Angelegenheiten Gottes so sehr eingesetzt hatte, kannte er noch immer nicht den HERRN, dem er diente.

Leider können wir sogar für den Dienst im Hause des HERRN geweiht sein, ohne IHN zu kennen. Wir können sogar im Weinberg des HERRN Überstunden machen, ohne den WEINGÄRTNER zu kennen und den Erben zu lieben. Wir können mit der Arbeit für IHN voll beschäftigt sein, ohne mit dem HERRN der Arbeit eins zu sein. Sobald jedoch Samuel nicht nur auf das WORT, das vom HERRN spricht, hinhörte, sondern auf den HERRN selbst, verwandelte er sich in einen Propheten, das heißt, es kann vorkommen, daß wir als einfache Arbeitnehmer, Lohn oder Gehaltsempfänger, als Fachleute für gottesdienstliche Verrichtungen im Dienst stehen, sogar einschließlich des Dienstes am WORT - zu Propheten macht uns jedoch nur eine persönliche Begegnung mit Gott.

c) Kleopas

Das Wirken Jesu erweckte von neuem die Freiheitserwartungen Israels; da ER aus dem Geschlecht Davids stammte, erstarkte im Volk die Hoffnung auf die Wiedererrichtung des Königreiches Israel. - In drei Tagen jedoch löste sich alle Hoffnung in Dunst auf. Die Hohenpriester und Schriftgelehrten veranlaßten überraschend die Gefangennahme Jesu, verurteilten ihn und ließen ihn ans Kreuz schlagen. Auf diese Weise wollten sie die drohende Gefährdung der vorhandenen Strukturen verhindern. So kam es dazu, daß das auf dem Kalvarienberg vergossene Blut eines weiteren unschuldigen Lammes das Paschafest besprengte.
Bei allen, die Jesus nachgefolgt waren, erlosch ganz schnell die Flamme der Hoffnung auf Wiedererrichtung des nationalen Reiches; denn nun war ja alles vorbei. Einige der Nachfolger versteckten sich, andere zerstreuten sich, wieder andere flüchteten oder leugneten jede Beziehung zum Gekreuzigten. Ein weiterer Traum des Volkes Israel, ein Traum der Sehnsucht nach Befreiung und Gerechtigkeit, war

damit zerronnen. Am ersten Tag der Woche - die untergehende Sonne sandte ihre letzten Strahlen über eine in tiefer Trauer versunkene Welt - verließen zwei ehemalige Jünger Jesu mit bitterer Enttäuschung in ihrem Herzen die befestigte Stadt Davids.

Traurig und deprimiert sprachen sie über all das, was im Zusammenhang mit Jesus von Nazaret stand; auch von seinen Wundern und Heilungen redeten sie. Hatte er nicht allen nur Gutes getan, niemanden geschädigt oder gar verletzt? Sie bewunderten seine gewaltige Macht und waren davon überzeugt, daß seine Vollmacht von GOTT war; aber jetzt war der letzte Rest ihrer Hoffnung dahin; denn nun war ja alles vorbei.

Plötzlich tauchte ein Wanderer auf, der ebenfalls des Weges kam. Er hatte eine leichte, weiße Tunika an, Ledersandalen an den Füßen und einen Wanderstab in der Hand. Er kam näher und schloß sich den beiden Jüngern an. "Wovon sprecht ihr denn?" fragte er, als er sah, wie leidvoll betrübt sie waren.

Über so viel Unwissenheit erstaunt und schmerzlich berührt, weil der Fremde eine noch nicht vernarbte Wunde angerührt hatte, blieben sie stehen und fragten ihn vorwurfsvoll: "Bist du der einzige in der Stadt, der nicht weiß, was da geschehen ist? In welcher Höhle warst du denn drei Tage lang versteckt, daß du die Nachricht, die die Festen der Erde bewegt und das Licht der Sonne verdunkelt hat, nicht gehört hast? Weißt du denn nichts von all dem, wovon ganz Jerusalem spricht und wovon die ganze Welt noch jahrelang sprechen wird?"

"Was denn?" fragte der mysteriöse Fremde mit einem leichten Schulterzucken und einem Ton der Verwunderung in der Stimme. Diese Frage wirkte auf das Gedächtnis des Kleopas wie eine Vitaminspritze. Sofort begann er zu erzählen und berichtete von den Wundern, den Heilungen und der prophetischen Mission Jesu.

Mit trauriger Miene fügte er hinzu: "Wir dachten, er wäre der Befreier von Israel, aber - es geschah, daß unsere Oberen ihn zum Tod verurteilten und ihn ans Kreuz schlagen ließen; und seither sind schon drei Tage vergangen ..."

Kleopas hatte gehört, wie die tobende Menge schrie und die Verurteilung des Königs der Juden verlangte. Er war dabei, als Jesus, von der Menge begleitet, das Kreuz auf den Kalvarienberg schleppte, und war - von einem vorsichtig ausgesuchten Platz aus - auch Zeuge, als Jesus sein Leben aushauchte. Er sah auch, wie man, um das Grab zu verschließen, einen schweren Stein davor wälzte. Deshalb sprach er über alle diese Vorkommnisse als Augenzeuge, mit Autorität. Dann, mit etwas Zweifel im Blick und etwas Unglauben im Tonfall, fügte er hinzu: "... es geschah, daß heute früh einige unserer Frauen zum Grab gingen; als sie uns bei ihrer Rückkehr berichteten, daß sie den Leichnam nicht vorgefunden hätten, erfaßte uns alle ein gewaltiger Schrecken; denn sie erzählten, daß ihnen Engel erschienen seien und ihnen verkündet hätten, daß er lebe ... - Um uns über diese ganze Angelegenheit Gewißheit zu verschaffen, machten sich einige von uns auf den Weg zum Grab: der Stein war weggewälzt, aber von Engeln sahen sie nichts."

Kleopas zeigte in allem, was auf das Leben und den Tod des Meisters Bezug hatte, große Gewißheit; was jedoch die Auferstehung betraf, beschränkte er sich darauf, den Bericht der Frauen über die Erscheinung und die Worte der Engel zu wiederholen. -
Er hatte keine persönliche Erfahrung darüber, daß Jesus lebt; deshalb mußte er das wiedergeben, was er von anderen erfahren hatte -, die es wiederum von anderen gehört hatten. Wer keine Erfahrung mit dem auferstandenen Christus und dem Heiligen Geist gemacht hat, wird immer nur wiederholen können, was andere darüber gesagt oder geschrieben haben, da er selbst, von sich aus, nichts darüber aussagen kann.
Die Worte des Kleopas enthalten, wenn wir es uns richtig überlegen, dieselbe Botschaft wie die des Petrus am Pfingsttag, jedoch mit folgendem Unterschied:

1) Petrus teilte uns eine Frohe Botschaft mit, während Kleopas nur eine Nachricht, die er gehört hatte, weitergab.

2) Kleopas sprach ganz traurig vom Tod und der Auferstehung. Sein Bericht über die Vorkommnisse war verdüstert durch tiefe Enttäuschung. Seine Freude war begraben - im Grab des Gekreuzigten.

3) Petrus gab ein Zeugnis von dem, was er erlebt hatte, während Kleopas bloß aus dem Gedächtnis wiederholte, was andere ihm über die Erzählungen anderer berichtet hatten.

4) Das Pfingsterlebnis ist ein Zeugnis des HEILIGEN GEISTES. Kleopas jedoch wiederholte auf dem Weg nach Emmaus nur das Zeugnis der Frauen.

5) Petrus ist von dem, was er berichtet, überzeugt; Kleopas dagegen spricht nur nach, was er gehört hat.

6) Aber alles, was wir als unterschiedlich angeführt haben, hat im tiefsten Grunde nur eine Wurzel: Kleopas war gewissermaßen ein Reporter, der das weitergab, was ihm seine Korrespondenten von der Auferstehung berichtet hatten; Petrus dagegen war ein Zeuge von dem, was er persönlich erlebt hatte.

Daher sollten wir uns fragen, ob wir nur Berichterstatter oder wahrhafte Evangelisten sind. Ein Reporter informiert, aber bekehrt niemanden - ein Zeuge dagegen hat Kraft zum Überzeugen.

Kleopas verbreitet Nachrichten, aber nicht das Evangelium. Es genügt jedoch nicht, die Wahrheiten und die Tatsachen, die man verkündet, nur perfekt zu wissen. Man muß gleichzeitig ein Zeuge sein; ein Zeuge, der mit seiner ansteckenden Fröhlichkeit, seiner unerschütterlichen Hoffnung und seiner persönlichen Gewißheit evangelisiert.

Dann, gerade dann, wird das Ergebnis für alle erkennbar: Die Rede eines mit der Kraft des Heiligen Geistes gesalbten Zeugen bekehrt unter Umständen dreitausend Seelen, während dreitausend Reden, wie die des "Reporters" Kleopas, niemanden bekehren.

Alles in allem: es genügt nicht, klug wie Nikodemus zu sein; ebensowenig genügt es, Arbeiter im Weingarten des HERRN zu sein, wie Samuel einer war; auch reicht es nicht aus, Prediger nach dem Vorbild eines Kleopas zu sein. Notwendig dagegen ist eine persönliche Begegnung mit dem auferstandenen Jesus. Dies ist das "kleine Detail", die tiefe Quelle, die aus uns einen "Neuen Evangelisten" macht.

Die Neue Evangelisation wird nur mit neuen Evangelisten durchgeführt werden können; mit Evangelisten, die durch den Heiligen Geist erneuert und durch Seine Kraft gesalbt wurden und bezeugen können, daß Jesus lebt.

H. Neue Strategie

Die Neue Evangelisation braucht eine neue Strategie. Die einzige Möglichkeit, wie wir das ganze Evangelium allen Menschen und dem ganzen Menschen bekanntmachen können, besteht darin, daß wir

alle als LEIB Christi zusammenarbeiten. Die Vereinigung aller Glieder am LEIBE Christi ist ein zwingendes Erfordernis für eine wirksame Evangelisation. Im "Hohepriesterlichen Gebet" flehte Jesus:
"Alle sollen eins sein: Wie du, Vater, in mir bist und ich in dir bin, sollen auch sie in uns sein, damit die Welt glaubt, daß du mich gesandt hast" (Joh 17, 21).

Anhand dieses Textes können wir erkennen, daß sich Einheit zum Vorteil der Evangelisation auswirkt. Wenn jeder für sich - oder weitgehend von den anderen getrennt - arbeitet, ähnelt er einem vom Körper abgetrennten Glied, das alle seine Kraft und Wirksamkeit verloren hat.

Das Ansehen und die Anerkennung der Erneuerungsbewegung erfordern zwingend die Einheit der verschiedenen religiösen Bewegungen und Strömungen innerhalb der Kirche. Vor allem anderen muß uns der Wunsch am Herzen liegen, daß das Evangelium alle Menschen und alle menschlichen Strukturen erreichen möge. Wenn wir auf unseren Partikularismus, der eine Form oder eine Spielart des Egoismus ist, nicht verzichten, wird es der Evangelisation an Wirk- und Durchschlagskraft fehlen.

Der Evangelist Lukas berichtet eine Episode, die in wunderbarer Weise die Frucht der Einheit beleuchtet:

Nachdem Petrus mit viel Mühe, aber ohne den geringsten Erfolg, die ganze Nacht gefischt hatte, kehrte er mit dem bitteren Geschmack des Mißerfolges im Mund ans Ufer zurück, um die Netze zu waschen. Da stieg Jesus in das Schiff und fuhr mit ihm aufs Meer hinaus. Als sie mitten im Meer von Tiberias waren, hieß er Petrus, die Netze auszuwerfen. Und obwohl es Petrus unlogisch und sinnlos erschien, tat er es "auf das Wort des Herrn" hin.

Hier erkennen wir ein weiteres Geheimnis der "Neuen Evangelisation": Wenn wir in unserem Namen oder dem irgendeiner Gruppe oder Bewegung evangelisieren, wird es uns wie Petrus ergehen, der die ganze Nacht fischte und nichts fing.

Als er es aber im Namen des HERRN tat, hatte er so viele Fische im Netz, daß es fast zerriß und er es kaum aus dem Wasser ziehen konnte. Wenn die Evangelisation erfolgreich ist, tritt ein neues Problem auf: Wie soll man alle Fische im Netz behalten, ohne daß das Netz reißt?

Die folgende Lehre ist für uns vielleicht von allergrößtem Wert: Das mit Fischen überladene Netz wäre sicher beim Versuch, es einzuholen, zerrissen. Wäre es aber trotz allem gelungen, dann wäre das Schiff infolge des Übergewichtes gekentert, und das Leben der Fischer wäre in Gefahr gewesen, denn das Schiff war weit vom Ufer entfernt. Sie verständigten daher durch Zeichen die Männer des anderen Schiffes, die sich am Ufer befanden, daß sie ihnen doch zu Hilfe kommen möchten. Gemeinsam holten sie dann, nachdem ihre "Kollegen" zu ihnen gestoßen waren, das Netz ein und füllten beide Schiffe bis zum Rand, so daß sie fast untergingen. Wenn wir alle Fische in unserem Schiff unterbringen möchten, wären es so viele, daß wir unsere Netze allein nicht einholen könnten; außerdem würden sie reißen, weil sie nicht genug widerstandsfähig sind, und die Fische würden uns davonschwimmen. Die anderen "Berufskollegen" um Hilfe zu bitten, war in dieser Situation sicherlich die einzig richtige Strategie. Erst nachdem sie angekommen waren und mitangepackt hatten, konnte man den Fischfang erfolgreich zu Ende führen. Daraus können wir lernen, daß wir uns gegenseitig bei der Evangelisationsarbeit helfen müssen, wenn wir Erfolg haben wollen. Sonst wird das Schiff des Petrus leer bleiben oder aber untergehen. " ... gemeinsam füllten sie beide Boote bis zum Rand" (Lk 5, 7).

Es gibt Fische für alle. Alle Boote können bis zum Rande voll werden; immer jedoch unter der Voraussetzung, daß alle zusammenarbeiten. Wenn Petrus alle Fische für sich hätte behalten wollen, hätte er alle verloren. Nachdem er jedoch den Entschluß gefaßt hatte, die gefangenen Fische mit seinen "Berufskollegen" im anderen Boot zu teilen, konnte er sein Schiff bis zum Rand beladen.

Aber auch die "Berufskollegen", die mit leeren Händen am Ufer standen, konnten schließlich ihre Boote bis zum Rand mit Fischen füllen, nachdem sie sich in selbstloser Weise entschlossen hatten, den "Kollegen" im anderen Boot zu helfen.

Wir haben nur wenig, viel zuwenig Zeit für die Evangelisation. Wir können uns nicht den Luxus erlauben, diese Zeit mit Eifersüchteleien, Neid und Kritik zu vergeuden. Wir müssen die Zeit nutzen, indem wir evangelisieren und unsere Erfolge miteinander teilen; aber nicht nur Erfolge, sondern auch unsere Erfahrungen und alles Gute, das wir auf unserem langen Weg aufgelesen und gesammelt haben.

Ich sehe das Wunder des wunderbaren Fischzuges nicht in der großen Anzahl der Fische, die den Fischern ins Netz gingen, sondern in der Vereinigung und der Zusammenarbeit der Fischer.

Die überreiche Fülle der Fische in ihren Booten war kein Wunder, sondern logische Folge davon, daß sich die Fischer gegenseitig geholfen und zusammengearbeitet hatten.

Wir werden überrascht sein über die Macht, die wir haben, wenn wir zusammenarbeiten und als LEIB Christi gemeinsam evangelisieren werden. Ich werde daher diesem Abschnitt des Buches nicht den Titel "Der wunderbare Fischzug" geben, sondern "Das Wunder als Folge der Zusammenarbeit der vereinigten Fischer".

Wenn wir bei der Evangelisation e i n s werden, dann hat das Zeugnis der Liebe, der wir dabei Ausdruck geben, mehr Kraft als die Worte, die wir sprechen. Deshalb betet Jesus in der Fürbitte für alle Glaubenden:

"Alle sollen eins sein: Wie du, Vater, in mir bist und ich in dir, sollen auch sie in uns sein, damit die Welt glaubt, daß du mich gesandt hast" (Joh 17, 21).

Das heißt, das Zeugnis der christlichen Einheit, die sich unmittelbar zugunsten der Evangelisation auswirkt, ist ein Zeichen dafür, daß das Reich Gottes in die Welt gekommen ist.

Abschließende Bemerkungen

Die "Neue Evangelisation" ist eine Frucht des Heiligen Geistes, wie wir beim Propheten Ezechiel lesen:

" ... ich lege einen neuen Geist in euch ..." (vgl. Ez 36, 26).

Nur der Heilige Geist ist fähig, das Antlitz der Welt zu verändern, indem er die Herzen derjenigen Menschen, die an Jesus als Erlöser glauben, erneuert. Er, und nur ER ,gibt uns die Kraft und den Mut, der Menschheit laut zu verkünden, daß JESUS der HERR ist.

Der Heilige Geist, der auf Jesus bei der Taufe im Jordan herabkam und ihn salbte, ist derselbe, der die Evangelisten befähigt, die Auferstehung Jesu von den Toten zu verkündigen. Er ist es auch, der die Herzen der Menschen öffnet und sie bereitmacht, dem Aufruf zur Bekehrung Folge zu leisten.

Die Neue Evangelisation ist integral, das heißt, das ganze Evangelium für alle Menschen und für den ganzen Menschen. Das Evangelium, das die Herzen verändert, transformiert gleichzeitig die Beziehungen der Völker untereinander und bringt einen neuen Lebensstil mit sich, der mit den Werten und Maßstäben des Evangeliums in Übereinstimmung steht. Kurz gesagt:Die Neue Evangelisation führt eine Zivilisation der Liebe, ein Reich der Gerechtigkeit, der Freude und des Friedens im HEILIGEN GEIST herbei.

Die Neue Evangelisation kann ohne erneuerte Evangelisten nicht auskommen; das heißt, sie braucht Evangelisten, die nicht nur Reporter sind, welche nur wiederholen, was andere gesagt haben. Die Neue Evangelisation braucht Zeugen mit offenen Augen und brennenden Herzen, die das Neue Leben erfahren haben und mit dem WORT des LEBENS in Berührung gekommen sind; sie braucht Evangelisten, die eine Begegnung mit Jesus hatten und nun nicht mehr aufhören können, von dem zu reden, was sie selbst erlebt haben; denn ein gleichsam verpflichtender innerer Impuls bewegt sie und gibt ihnen Kraft und Mut, das Evangelium in aller Welt zu verkünden.

Beim Internationalen Kongreß der Erneuerungsbewegung, der im Jahr 1975 in Rom abgehalten wurde, gab es im Petersdom eine Prophezeiung durch Ralph Martin, in der es unter anderem hieß: "Es kommt eine Epoche der Evangelisation, wie man sie niemals vorher in meiner Kirche gesehen hat."

Sieben Jahre später begann der Papst von der Neuen Evangelisation zu sprechen. Sollte etwa die Neue Evangelisation der Anfang des Weges sein, auf dem sich die Prophezeiung aus dem Petersdom ihrer Erfüllung nähert?

Außerdem wurde in der Neuen Evangelisation der Plan "Evangelisation 2000" geboren; jener Plan, der die Katholiken anregt, Evangelisten zu werden. Es ist beabsichtigt, Jesus zur zweitausendjährigen Geburtstagsfeier ein großes Geschenk zu machen: eine christliche Welt ohne Kriege, ohne Ungerechtigkeit; eine Welt, in der Gerechtigkeit und Frieden, Solidarität und Liebe herrschen.

Wir nähern uns dem Jahr 2000. Viele Leute sprechen von Katastrophen; wir aber sind Botschafter der Guten Nachricht: So sehr hat Gott die Welt geliebt, daß er seinen eingeborenen Sohn gesandt hat; nicht, um die Welt zu verdammen, sondern, um seine Geschöpfe zu retten.

Wir stehen am Ende dieses zweiten Jahrtausends. Obwohl es wahr ist, daß es schwere Probleme gibt und die Gefahr einer nuklearen Katastrophe droht, ist es nicht weniger wahr, daß Gott diese Welt liebt und sie retten will.

Bald sind 2000 Jahre um - wir leben am Vorabend der Geburtstagsfeier - seit Jesus geboren wurde und mitten unter uns lebt und all denen, die an seinen Namen glauben, Leben gibt. Und das Evangelium, anstatt zu verblassen oder gar zu verschwinden, gewinnt neue Strahlkraft. Für den Menschen von heute gibt es auf seine Probleme keine andere Antwort als die Lehre und die Lebensweise des Jesus von Nazaret.

Wir nähern uns dem Jahr 2000, aber Jesus ist derselbe - gestern, heute und in alle Ewigkeit!

Wir brauchen kein neues Evangelium, sondern eine Neue Evangelisation!

Es ist höchste Zeit, daß wir evangelisieren - und zwar gemeinsam evangelisieren!